U0367428

"十四五"职业教育国家规划教材

全国机械行业职业教育优质规划教材（高职高专）

新能源汽车动力蓄电池技术

◎主　编　吕江毅　成　林
◎副主编　隋美丽　王　楠　曾　鑫　李英玉
◎参　编　屠剑敏　刘发军　滕峻林

机械工业出版社

本书是"十四五"职业教育国家规划教材。本书在介绍新能源汽车动力蓄电池发展现状、常用类型和性能参数的基础上，总结了动力蓄电池的特点与要求，并重点介绍了铅酸蓄电池、镍氢蓄电池、锂离子动力蓄电池、超级电容器、飞轮储能装置、燃料电池等的基本结构、工作原理、性能及应用；同时介绍了蓄电池的成组技术、蓄电池管理系统和充电系统。

本书可作为高职高专新能源汽车技术、汽车电子技术、汽车检测与维修技术等相关专业的教材，也可作为成人教育、汽车行业培训等相关课程的参考教材。

本书配有单独的学习工作页，还配有电子课件和二维码视频链接，凡使用本书作为教材的教师可登录机械工业出版社教育服务网www.cmpedu.com注册后免费下载电子课件。凡使用本书的读者可用手机扫描书内二维码观看实操视频。咨询电话：010-88379375。

图书在版编目（CIP）数据

新能源汽车动力蓄电池技术/吕江毅，成林主编.—北京：机械工业出版社，2018.1（2025.6 重印）

全国机械行业职业教育优质规划教材. 高职高专

ISBN 978-7-111-61391-6

Ⅰ.①新…　Ⅱ.①吕…②成…　Ⅲ.①新能源–汽车–蓄电池–高等职业教育–教材　Ⅳ.①U469.703

中国版本图书馆 CIP 数据核字（2019）第 180058 号

机械工业出版社（北京市百万庄大街 22 号　邮政编码 100037）

策划编辑：蓝伙金　葛晓慧　责任编辑：葛晓慧　蓝伙金

责任校对：刘雅娜　　　封面设计：鞠　杨

责任印制：任维东

河北鹏盛贤印刷有限公司印刷

2025 年 6 月第 1 版第 11 次印刷

184mm×260mm · 8.25 印张 · 197 千字

标准书号：ISBN 978-7-111-61391-6

定价：29.00 元

电话服务	网络服务
客服电话：010-88361066	机 工 官 网：www.cmpbook.com
010-88379833	机 工 官 博：weibo.com/cmp1952
010-68326294	金 书 网：www.golden-book.com
封底无防伪标均为盗版	机工教育服务网：www.cmpedu.com

关于"十四五"职业教育
国家规划教材的出版说明

为贯彻落实《中共中央关于认真学习宣传贯彻党的二十大精神的决定》《习近平新时代中国特色社会主义思想进课程教材指南》《职业院校教材管理办法》等文件精神，机械工业出版社与教材编写团队一道，认真执行思政内容进教材、进课堂、进头脑要求，尊重教育规律，遵循学科特点，对教材内容进行了更新，着力落实以下要求：

1. 提升教材铸魂育人功能，培育、践行社会主义核心价值观，教育引导学生树立共产主义远大理想和中国特色社会主义共同理想，坚定"四个自信"，厚植爱国主义情怀，把爱国情、强国志、报国行自觉融入建设社会主义现代化强国、实现中华民族伟大复兴的奋斗之中。同时，弘扬中华优秀传统文化，深入开展宪法法治教育。

2. 注重科学思维方法训练和科学伦理教育，培养学生探索未知、追求真理、勇攀科学高峰的责任感和使命感；强化学生工程伦理教育，培养学生精益求精的大国工匠精神，激发学生科技报国的家国情怀和使命担当。加快构建中国特色哲学社会科学学科体系、学术体系、话语体系。帮助学生了解相关专业和行业领域的国家战略、法律法规和相关政策，引导学生深入社会实践、关注现实问题，培育学生经世济民、诚信服务、德法兼修的职业素养。

3. 教育引导学生深刻理解并自觉实践各行业的职业精神、职业规范，增强职业责任感，培养遵纪守法、爱岗敬业、无私奉献、诚实守信、公道办事、开拓创新的职业品格和行为习惯。

在此基础上，及时更新教材知识内容，体现产业发展的新技术、新工艺、新规范、新标准。加强教材数字化建设，丰富配套资源，形成可听、可视、可练、可互动的融媒体教材。

教材建设需要各方的共同努力，也欢迎相关教材使用院校的师生及时反馈意见和建议，我们将认真组织力量进行研究，在后续重印及再版时吸纳改进，不断推动高质量教材出版。

机械工业出版社

序

　　汽车产业是国民经济的重要支柱产业，在国民经济和社会发展中发挥着重要作用。随着我国经济持续快速发展和城镇化进程加速推进，今后一段时期汽车需求量仍将保持增长势头，由此带来的能源紧张和环境污染问题将更加突出。加快培育和发展节能汽车与新能源汽车，既是有效缓解能源和环境压力，推动汽车产业可持续发展的紧迫任务，也是加快汽车产业转型升级、培育新的经济增长点和国际竞争优势的战略举措。为加快培育和发展节能与新能源汽车产业，国务院于 2012 年 6 月 28 日印发了《节能与新能源汽车产业发展规划（2012—2020 年）》。规划中明确了新能源汽车是指采用新型动力系统，完全或主要依靠新型能源驱动的汽车，主要包括纯电动汽车、插电式混合动力汽车及燃料电池汽车。其技术路线是以纯电驱动为新能源汽车发展和汽车工业转型的主要战略取向，当前重点推进纯电动汽车和插电式混合动力汽车产业化。规划目标：到 2020 年，纯电动汽车和插电式混合动力汽车生产能力达 200 万辆、累计产销量超过 500 万辆，燃料电池汽车、车用氢能源产业与国际同步发展。2017 年我国新能源汽车产量为 77.7 万辆（其中乘用车为 55 万辆），同比增长53.3%，纯电动汽车 46.8 万辆，占 82.1%。

　　近年来，众多高职院校相继开设了新能源汽车技术专业，2017 年在教育部备案的院校数多达 189 所。为了更好地指导专业建设，全国机械职业教育教学指导委员会（以下简称机械行指委）将新能源汽车技术专业列入首批重点观测专业，开展专业标准建设工作。全国机械行业高职汽车类专业教学指导委员会（以下简称汽车专指委）于 2017 年 1 月 15 日在北京召开了新能源汽车技术专业标准建设专题工作会议，汽车专指委部分成员单位及企业近 20 名专家参加了会议，与会专家围绕新能源汽车技术专业课程体系、教学标准、教师标准、实训基地建设标准等进行了深入的研讨，并对新能源汽车技术专业核心课程教材开发达成了共识。

　　本套教材由《电动汽车构造与原理》《新能源汽车使用与维护》《新能源汽车动力蓄电池技术》《新能源汽车驱动电机技术》《新能源汽车电控技术》及配套工作页等组成。本套教材理论与实践紧密结合，以任务为载体，构建职业能力主线，以完成任务为目标，系统地进行理论学习和技能训练，旨在培养学生的职业综合能力。希望本套教材的出版能够为丰富新能源汽车技术专业教学资源，提升专业人才培养质量发挥更大作用。

　　教材编写团队由长春汽车工业高等专科学校、北京电子科技职业学院、深圳职业技术学院、湖南工业职业技术学院、湖南汽车工程职业学院、武汉软件工程职业学院等院校具有丰富教学经验的专家和北京卓创至诚技术有限公司、长春通立汽车服务有限公司等企业工程技术人员共同组成。教材在开发过程中得到了中国第一汽车集团公司新能源汽车分公司、北京新能源汽车股份有限公司、浙江吉利控股集团有限公司等企业的大力支持，在此表示衷心的感谢！

全国机械职业教育高职汽车类专业教学指导委员会主任委员　李春明

前　言

近年来，我国职业教育得到了快速发展，国务院印发的《国家职业教育改革实施方案》使职业教育迎来多元办学主体时代。深化校企合作、构建双元主体育人模式是实现高等教育本质目标的具体策略，也是为社会培养高端技能型人才的关键。"互联网＋职业教育"推动了职业院校教育教学模式的转变，将传统线下教学转至线上，打破了职业教育的传统局限。

随着我国新能源汽车的热销，其相关高技能维修人才的缺口逐渐加大。而市面上关于新能源汽车技术的教材相对缺乏，故我们组织编写了本套丛书。

动力蓄电池作为新能源汽车的最为核心的零部件，它的相关技术要求跟整个新能源汽车是密切相关的，例如安全性、能量密度、功率密度、寿命以及成本等。从发展现状和趋势来看，锂离子蓄电池在混合动力电动汽车、插电式混合动力电动汽车和纯电动汽车领域中都将有广泛的应用。国内产业化进展非常快，2022 年动力蓄电池的装车总容量达到了 294.6GW·h；产销量达到 545.9GW·h、465.5GW·h。

为了帮助汽车相关专业的学生以及汽车使用与维修人员全面系统地掌握新能源汽车动力蓄电池的结构、原理、故障诊断及维修方面的内容，适应新能源汽车新技术发展的需要，编者根据多年的教学实践、科学研究以及故障诊断的经验，并参阅了大量的文献资料，紧密结合"以职业岗位为课程目标，以职业标准为课程内容，以最新技术为视野，以职业能力为课程核心"的要求编写本教材，力求全面、整体、系统地介绍有关新能源汽车动力蓄电池的基本原理、基本组成以及相关部件的结构和工作原理。本教材每个任务都采用问题驱动的方式教学，内容新颖、文字简洁、图文并茂、通俗易懂、实用性强。

为贯彻党的二十大精神，加强教材建设，编者在动态修订过程中，对本书内容进行了全面梳理，增加了新技术、新工艺内容，加入了拓展知识，融入职业素养要求，培养学生的爱国意识和工匠精神。

本书分为十个学习情境，北京电子科技职业学院吕江毅、成林任主编，北京电子科技职业学院隋美丽、王楠，武汉软件工程职业学院曾鑫，北京新城职业学校李英玉任副主编。编写分工：吕江毅（学习情境一、学习情境二），成林（学习情境三、学习情境四），王楠（学习情境五、学习情境六），隋美丽（学习情境七、学习情境八），曾鑫（学习情境九），李英玉（学习情境十），屠剑敏、刘发军、滕峻林、卓永舜、蔡映、杨运来、吴波参与了部分内容的编写。全书由成林统稿。

在本教材编写过程中，北京新能源汽车股份有限公司、比亚迪股份有限公司、安徽江淮汽车集团股份有限公司、北京祥龙博瑞汽车服务（集团）有限公司、神龙汽车有限公司以及中国汽车技术研究中心等企业和单位给予了大力支持，并提出了许多宝贵的意见，在此深表感谢。本教材的编写参考了大量的文献资料，在此向北京卓创至诚技术有限公司及其他相关文献的提供者表示崇高的敬意。感谢北京百通科信机械设备有限公司祖立鑫提供的大量技术支持和勘验工作。

由于编者水平有限，书中难免有不少缺点和错误，恳请广大读者批评指正。

编　者

目 录

学习情境一

蓄电池基础知识探索

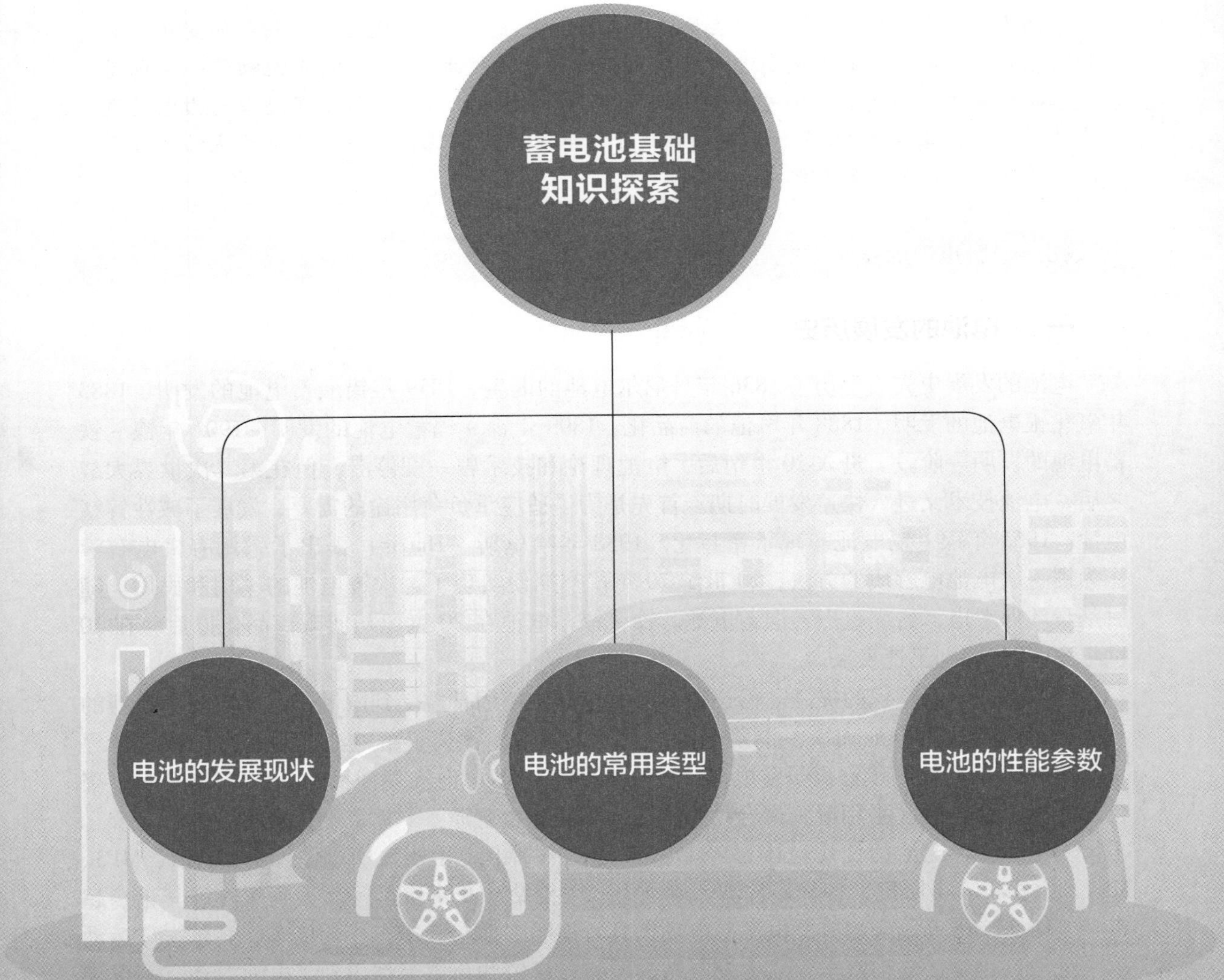

蓄电池基础知识探索

电池的发展现状

电池的常用类型

电池的性能参数

01

> **学习目标：**
> 1. 了解电池的发展历史和发展现状。
> 2. 了解电池的常用类型。
> 3. 掌握电池的性能参数。
> 4. 培养学生按照企业规范，遵循企业 6S 管理要求进行车间劳动，同时培养学生要爱岗、敬业。

学习任务 1　电池的发展现状

> **知识准备：**
> 　　动力蓄电池是新能源汽车的主要能量来源，每一次动力蓄电池应用材料的变化都会带来电动车辆新一次的发展高潮。最早的铅酸蓄电池技术引发了 20 世纪初第一次电动汽车研发和应用的高潮，20 世纪 80 年代镍氢蓄电池的技术突破带来了混合动力电动汽车的产业化，20 世纪 90 年代出现的锂离子蓄电池开启了现代以纯电驱动为主的新能源汽车研发和示范应用的新纪元。

问题引导 1： 电池的发展历史是怎样的？

一、电池的发展历史

　　电池的发展史先后经历了 1836 年丹尼尔电池的诞生、1859 年铅酸蓄电池的发明、1883 年氧化银电池的发明、1888 年电池的商品化、1899 年镍 - 镉蓄电池的发明、1901 年镍 - 铁蓄电池的发明等阶段。进入 20 世纪后，电池理论和技术曾一度停滞，但在第二次世界大战之后，电池技术又进入快速发展时期。首先是为了适应重负荷用途的需要，发展了碱性锌锰电池。1951 年镍 - 镉电池实现了密封化。1958 年哈里斯（Harris）提出了采用有机电解液作为锂一次电池电解质的方法，20 世纪 70 年代初期便实现了一次锂电池的军用和民用。随后基于环保考虑，研究重点转向蓄电池。镍 - 镉蓄电池在 20 世纪初实现商品化以后，在 20 世纪 80 年代得到迅速发展。

　　随着人们环保意识的提高，铅、镉等有毒金属的使用日益受到限制，因此需要寻找新的可代替传统铅酸蓄电池和镍 - 镉蓄电池的可充电电池。锂离子蓄电池成为有力的候选者之一。1990 年前后发明了锂离子蓄电池，1991 年锂离子蓄电池实现商品化。1995 年发明了聚合物锂离子蓄电池（采用凝胶聚合物电解质为隔膜和电解质），1999 年开始商品化。

　　现代社会，电池的使用范围已经非常广泛，小到电子手表、CD 机、移动电话、MP3、MP4、照相机、摄影机、各种遥控器、剃须刀、手枪钻、儿童玩具等，大到医院、宾馆、超市、电话交换机等场合的应急电源、电动工具、拖船、拖车、铲车、轮椅车、高尔夫球运动车、电动自行车、电动汽车、风力发电站、导弹、潜艇和鱼雷等都用到了电池。还有可以满足各种特殊要求的专用电池等，电池已经成为人类社会必不可少的便捷能源。

问题引导2：动力蓄电池的发展现状是怎样的？

二、　动力蓄电池的发展现状

目前用于电动汽车的动力蓄电池主要有镍－氢蓄电池和锂离子蓄电池，其中镍－氢蓄电池以充放电倍率大、无环境污染等优点在混合动力（电动）汽车上得到了广泛应用。锂离子蓄电池推出以后，以其工作电压高、比容量高（理论比容量达到 $3860mA \cdot h/g$）、无环境污染、工作温度范围宽广、自放电率低、无记忆效应、充放电效率高、寿命长等优点，得到人们的广泛认同，成为新一代电动汽车的理想动力源。

锂离子蓄电池按照正极材料不同又分为钴酸锂蓄电池、锰酸锂蓄电池、磷酸亚铁锂蓄电池、锂聚合物蓄电池、三元材料锂蓄电池。早期研发的钴酸锂蓄电池和镍酸锂蓄电池由于含钴和镍，成本较高，而且还存在稳定性不好等缺点，发展遇到瓶颈。最近几年研发的锰酸锂蓄电池和磷酸亚铁锂蓄电池技术有了较大进展，解决了不稳定、易爆炸的安全问题，得以在电动汽车上进行大量应用。北京奥运会、上海世博会、广州亚运会中分别有 50、60、35 辆纯电动客车使用锰酸锂蓄电池作为动力系统；北汽福田公司生产的 8 吨环卫清洁车，以及北京无轨电车均采用锰酸锂蓄电池和磷酸亚铁锂蓄电池作为动力源。国内大多数汽车厂家研发的电动汽车，如比亚迪公司的 E6 纯电动出租车、杭州众泰的 2008EV 及 5008EV、江淮汽车的同悦纯电动轿车，长安汽车的奔奔 MINI 纯电动轿车、奇瑞的 S18 纯电动轿车等均采用磷酸亚铁锂蓄电池作为动力系统；其中比亚迪公司的 E6 纯电动出租车，杭州众泰 2008EV 及 5008EV 和江淮汽车的同悦纯电动轿车已实现小批量生产，并投入示范运行。

值得一提的是，近年来以钛酸锂为负极的锂离子蓄电池由于工作温度范围宽、倍率特性好、寿命长等优点，受到了广泛关注，但由于其能量密度低、成本较高、批量化生产技术不成熟等原因，目前正处于试验阶段。

学习任务 2　电池的常用类型

知识准备：

电池是指能将化学能转化成电能的装置，具有正极、负极之分。随着科技的进步，电池泛指能产生电能的小型装置。

蓄电池是将化学能直接转化成电能的一种装置，是按可再充电设计的电池，通过可逆的化学反应实现再充电。它的工作原理：充电时利用外部的电能使内部活性物质再生，把电能储存为化学能，需要放电时再把化学能转换为电能输出。

蓄电池是新能源汽车的重要的动力源泉之一。目前，制约新能源汽车发展的关键因素是动力蓄电池不理想。电池从广义上讲主要分为生物电池、物理电池和化学电池三大类，其中化学电池和物理电池已经应用于量产的新能源汽车，而生物电池则被视为未来新能源汽车动力电池的重要发展方向之一。电池按电池原理分类如图 1-1 所示。

01

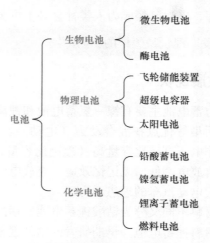

图 1-1　电池按电池原理分类

问题引导 1：什么是生物电池？它的分类、特点和用途有哪些？

一、生物电池

生物电池是指将生物质能直接转化为电能的装置（生物质蕴涵的能量绝大部分来自太阳能，是绿色植物和光合细菌通过光合作用转化而来的），如图 1-2 所示。从原理上来讲，生物质能能够直接转化为电能主要是因为生物体内存在与能量代谢关系密切的氧化还原反应。这些氧化还原反应彼此影响、互相依存、形成网络，进行生物的能量代谢。

水果电池实验

（一）生物电池的分类

1. 按反应场所的不同分

按反应场所可分为三种，分别是"于生物体内""于生物体外"以及"于生物体细胞外"。

2. 按催化剂的来源不同分

按催化剂的来源可分为两种：微生物电池、酶电池。

（1）微生物电池　微生物电池由阳极室和阴极室组成，有一个质子交换膜将两极室分开。

图 1-2　生物电池

（2）酶电池　酶电池通常使用葡萄糖作为反应原料，反应原理如下：

葡萄糖在葡萄糖氧化酶（GOx）和辅酶的作用下失去电子，电子由介体运送至阳极，再经外电路到阴极。过氧化氢得到电子，并在氧化酶的作用下还原成水。普遍使用的以葡萄糖为燃料的酶电池是模仿线粒体的反应机制而制成的，线粒体是以葡萄糖为燃料的酶电池的理想模型。

（二）生物电池的特点

与传统的化学电池相比，生物电池具有操作上和功能上的优势：

1）它将生物质能直接转化为电能，保证了高的能量转化效率。

2）不同于现有的生物质能处理，生物电池在常温常压甚至是低温的环境条件下都能够有效运作，电池维护成本低，安全性强。

3）生物电池不需要进行废气处理，因为它所产生的废气的主要成分是二氧化碳。

4）生物电池具有生物相容性，可以利用生物体内的葡萄糖为原料。

5）在缺乏电力基础设施的局部地区，生物电池具有广泛的应用潜力。

（三）生物电池的用途

生物电池可改善汽车动力组成，使用生物燃料电池时，1L 糖类物质（葡萄糖等）的浓溶液氧化产生的电能可使一辆中型汽车行驶 25～30km，如果汽车的燃料箱容量为 50L，理论上装满之后可连续行驶约 1000km。使用生物电池一方面可以减少因化石燃料燃烧导致的空气污染问题，另一方面还可以避免发生交通事故时可能引发的汽油起火燃烧甚至是爆炸。

> **问题引导 2：什么是物理电池？它的分类、特点和用途有哪些？**

二、物理电池

在电池的使用过程中，电池内部本身不产生化学反应的电池称为物理电池。

（一）物理电池的分类（图 1-3）

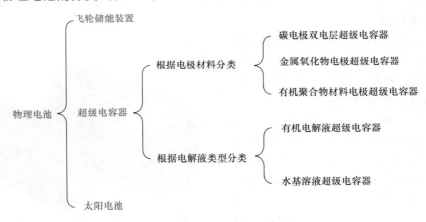

图 1-3　物理电池的分类

1. 飞轮储能装置

飞轮储能装置是 20 世纪 90 年代才提出的新概念电池，它突破了化学电池的局限，实现了用物理方法储能。飞轮储能装置是利用电动机带动飞轮高速旋转，在需要的时候再用飞轮带动发电机发电的装置，飞轮储能装置的结构如图 1-4 所示。

（1）飞轮储能装置的特点

1）飞轮储能装置兼顾化学电池、燃料电池和超导电池等储能装置的优点，主要表现在如下几个方面。

① 比能量高：比能量可达 100～200W·h/kg，比功率可达 5000～10000W/kg。

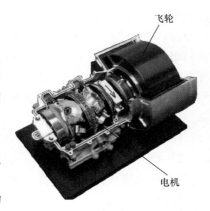

图 1-4　飞轮储能装置的结构

② 能量转换效率高：转换效率高达90%。

③ 体积小、质量小：飞轮直径约20cm，总质量在十几千克。

④ 工作温度范围宽：对环境温度没有严格的要求。

⑤ 使用寿命长：不受重复深度放电影响，能够循环几百万次运行，预期寿命20年以上。

⑥ 低损耗、低维护：磁悬浮轴承和真空环境使其机械损耗可以忽略不计，系统维护周期长。

2）飞轮储能装置的缺点主要有以下几个方面。

① 在实际工作中，飞轮的转速可达40000～50000r/min，一般金属制成的飞轮无法承受，容易解体，所以飞轮一般都采用碳纤维材料制成，碳纤维材料目前较贵，成本比较高。

② 飞轮一旦充电，就会不停地转动，在不需要用电时，则浪费能量。解决的办法通常是给飞轮储能装置配备化学充电电池，当不需要用电时，可把飞轮转动时输出的电能充进化学电池中，但是给飞轮储能装置配备化学电池带来的问题是增加了重量。

（2）飞轮储能装置的应用　由于技术和材料价格的限制，飞轮储能装置的价格相对较高，在小型场合无法体现其优势。但在一些需大型储能装置的场合（太空、交通运输、不间断电源、军用车辆），使用化学电池的价格同样非常昂贵，飞轮储能装置优势就非常明显。

2. 超级电容器

超级电容器又称为双电层电容器，如图1-5所示，是一种新型储能装置，它具有充电时间短、使用寿命长、温度特性好、节约能源和绿色环保等特点。由于其储能的过程并不发生化学反应，储能过程是可逆的，因此超级电容器可以反复充放电数十万次。超级电容器一般使用活性炭电极材料，具有吸附面积大、电量储存多的特点，因此在新能源汽车中被广泛使用。用作起重装置的电力平衡电源时，可提供超大电流的电力；用作车辆起动电源时，起动效率和可靠性都比传统的蓄电池高，可以全部或部分替代传统的蓄电池；用作车辆的牵引能源时，可以替代传统的内燃机、

图1-5　超级电容器

改造现有的无轨电车；用在军事上可保证坦克、装甲车等战斗车辆的顺利起动（尤其是在寒冷的冬季），还可作为激光武器的脉动能源。此外还可用作其他机电设备的储能能源。

（1）超级电容器的特点

1）充电速度快。

2）循环使用寿命长。

3）大电流放电能力超强，能量转换效率高（≥90%），过程损失小。

4）比功率高。

5）产品原材料的构成、生产、使用、储存以及拆解过程均没有污染，是理想的绿色环

保电源。

6）充放电电路简单。

7）超低温特性好。

8）检测方便。

9）单体容量范围通常为0.1～3400F。

（2）超级电容器的用途 在超级电容器三十多年的发展历程中，微型超级电容器已经在小型设备上得到了广泛的应用，例如计算机内存系统、照相机、音频设备和间接性用电的辅助设施；大尺寸的柱状超级电容器则多被用在汽车领域和自然能源采集上。未来十年中，超级电容器将是运输行业和自然能源采集行业的重要组成部分。

1）汽车领域。在汽车领域中，智能起停控制系统（轻型混合动力系统）的应用为超级电容器提供了广阔的舞台，在插电式混合动力汽车上的表现尤为突出。由于电动汽车需要频繁起动和停车，蓄电池的放电过程变化很大，正常行驶时电动汽车从蓄电池中获取的平均功率相当低，而加速和爬坡时的峰值又相当高。在现有的电动汽车电池技术条件下，蓄电池难以在一套能源系统上同时追求高比能量、高比功率和长寿命，所以，必须在比能量和比功率以及比功率和循环寿命之间做出平衡。为了解决电动汽车续航里程与加速爬坡性能之间的矛盾，可以考虑采用两套能源系统，其中由主能源系统提高续航里程，而由辅助能源系统在加速和爬坡时提供短时的辅助动力。辅助能源系统的能量可以直接来自主能源，也可以是电动汽车制动或下坡时回收的动能，此时可选用超级电容器作为辅助能源。短期内，超级电容器极低的比能量使其不可能被单独用作电动汽车的主能源系统，但用作辅助能量源具有显著优点。

2）其他领域。大尺寸超级电容器可用在火车和地铁的制动系统上，也可为物料搬运工程车提供能量；中等尺寸超级电容器可用于太阳能能量收集，因为超级电容器具备高温下工作的特性；48V超级电容器应用于汽车；小尺寸超级电容器则对通信设施的持续供电和计算机内存系统储存后备电源等有极大的贡献。

超级电容器的低阻抗特性对于当今许多应用高功率的设备是必不可少的。对于快速充放电的超级电容器，低阻抗意味着更大的功率输出，可实现几秒钟充电，几分钟放电，例如电动工具、电动玩具。

在不间断电源系统（UPS）中，超级电容器可以提供瞬时功率输出，可作为发动机或其他不间断电源系统备用电源的补充。

3. 太阳电池

太阳电池又称为"太阳能芯片"或"光电池"，如图1-6所示，是通过光电效应或者光化学效应直接把光量转化成电能的装置。光照只要达到一定条件，瞬间就可输出电压并在有回路的情况下产生电流。

太阳电池目前利光电效应工作的晶硅太阳电池为主流太阳电池，而以光化学效应工作的薄膜太阳电池则还处于萌芽阶段。

图1-6 太阳电池

（1）太阳电池的特点 太阳电池是利用半导体的光伏效应把太阳能转换成电能的器

件，许多材料都可以用来做太阳电池，因而太阳电池的种类很多，一般太阳电池具有以下特性：

1）转换效率高。

2）制造能耗小、成本低。

3）原材料丰富。

4）电池使用寿命长。

5）无公害。

（2）太阳电池的用途

1）家用领域。10～100W 小型电源用于边远无电地区，如高原、海岛、牧区、边防哨所等军民生活用电（照明、电视、收录机等）；3～5kW 家庭屋顶并网发电系统；光伏水泵用于解决电力未覆盖地区的深水井引用、灌溉。

2）交通领域。如航标灯、交通/铁路信号灯、交通警示/标志灯、路灯、高空障碍灯、高速公路/铁路无线电话亭、无人值守道班供电等。

3）通信领域。太阳能无人值守微波中继站、卫星、光缆维护站、广播/通信/寻呼电源系统、农村载波电话光伏系统、小型通信机、士兵 GPS 供电等。

4）石油、海洋、气象领域。石油管道和水库闸门太阳能电源系统、石油钻井平台生活及应急电源、海洋检测设备、气象/水文观测设备等。

5）家庭灯具电源。如庭院灯、路灯、手提灯、野营灯、登山灯、垂钓灯、黑光灯、割胶灯、节能灯等。

6）光伏电站。10kW～50MW 独立光伏电站、风光互补电站、各种大型停车场充电站等。

问题引导 3：什么是化学电池？它的分类、特点和用途有哪些？

三、化学电池

化学电池是将化学能转化为电能的装置。其主要部分是电解质溶液、浸在溶液中的正、负电极和连接电极的导线。依据能否充电复原分为原电池和蓄电池两种。

1. 化学电池的分类

化学电池按工作性质可分为一次电池（原电池）、二次电池（也称为可充电电池或蓄电池）、燃料电池。其中，一次电池可分为锌锰干电池、锌汞电池、锌银电池等；二次电池可分为铅酸蓄电池、镍氢蓄电池、锂离子蓄电池、锌空气蓄电池等，如图 1-7 所示。

2. 化学电池的特点

1）能量转换效率高，供能稳定可靠。

2）可制成各种形状和大小、不同容量和电压的电池和电池组，使用方便（图 1-8）。

3）易维护，可在各种环境下工作。

3. 化学电池的应用

化学电池广泛应用于通信、交通、文化、办公及家用电子产品。高科技、军事、生产行业也有特殊应用，如图 1-9 所示。

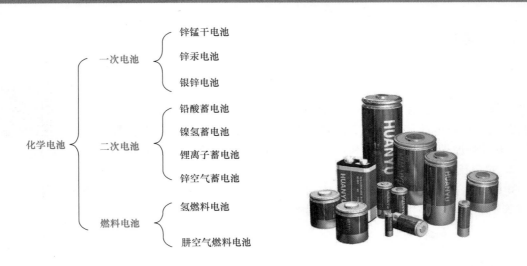

图1-7　化学电池的分类　　　　　图1-8　化学电池

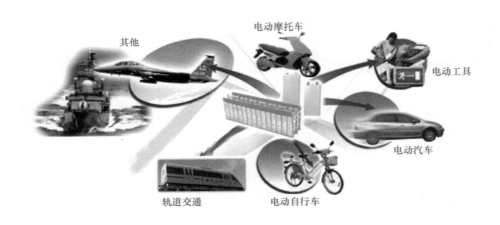

图1-9　化学电池的应用

学习任务 3　电池的性能参数

问题引导：电池的性能参数有哪些？

知识准备：

电池的主要性能包括电压、电池容量、能量、功率、内阻、放电率、寿命和自放电率等。

一、电压

1. 电动势

电动势是反映电源把其他形式的能转换成电能的能力的物理量。电动势使电源两端产生电压。在电路中，电动势常用 E 表示，单位是伏（V）。电池电动势是指单位正电荷从电池的负极到正极由非静电力所做的功，常被称为"电压"，电动势原理图如图 1-10 所示。电动势是两个电极的平衡电极电位之差。

电池电压测试

2. 端电压

电路闭合后电池正负极间的电位差称为电池的电压或端电压。当电路处于开路时，端电压就等于电源电动势，如图 1-11 所示。

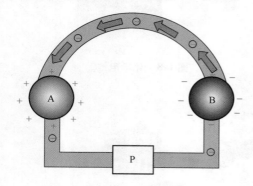

图 1-10 电动势原理图

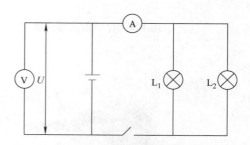

图 1-11 电路处于开路时的端电压

3. 工作电压

工作电压是电池接上负载后处于放电状态下的电压，如图 1-12 所示。负载是指连接在电路中电源两端的把电能转换成其他形式能的电子元器件（电路中没有负载而直接把电源两极相连的情况称为短路）。常用的负载有电阻、电动机和电灯泡等可消耗功率的元器件。电动机能把电能转换成机械能，电阻能把电能转换成热能，电灯泡能把电能转换成热能和光量，扬声器能把电能转换成声能。晶体管对于信号源来说也可以看作是负载。

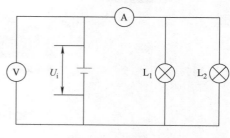

图 1-12 工作电压

4. 终止电压

电池在一定标准所规定的放电条件下放电时，电池的电压将逐渐降低，当电池不宜再继续放电时，电池的最低工作电压称为终止电压，如图 1-13 所示。

二、电池容量

电池容量是指电池在一定放电条件下所能放出的电量。电池容量用符号 C 表示，单位为安时（A·h）或毫安时（mA·h）。

1. 理论容量

根据电池活性物质的特性，按法拉第定律计算出的最高理论值，一般用质量容量

01

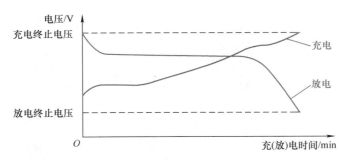

图1-13 终止电压

（A·h/kg）或体积容量（A·h/L）来表示。

2. 实际容量

在一定条件下所能输出的电量，等于放电电流与放电时间的乘积。

3. 额定容量

按一定标准所规定的放电条件，电池应该放出的最低限度的容量称为额定容量。

三、能量

电池的能量决定电动汽车的行驶距离。一般用W·h或者kW·h来表示。

1. 额定能量

在标准放电条件下，电池所输出的能量。电池的额定能量是电池的额定容量与额定电压的乘积。

2. 实际能量

在一定条件下电池所能输出的能量。电池的实际能量是电池的实际容量与平均工作电压的乘积。

例：某品牌电动汽车电池平均工作电压为320V，实际容量为80A·h，续航里程为160km，求百公里消耗能量。

解：实际容量×平均工作电压 = 输出能量

$80A·h × 320V = 25600W·h$

每公里消耗能量为

$25600W·h ÷ 160km = 160W·h/km$

百公里消耗能量为

$160W·h/km × 100km = 16000W·h$

3. 比能量

动力蓄电池组单位质量所能输出的能量称为比能量，单位为W·h/kg。不同蓄电池比能量对比如图1-14所示。

例：某品牌电池平均工作电压为303V，实际容量为270A·h，质量为290kg，比能量为多少？

解：比能量 = 输出能量÷质量 = $303V × 270A·h ÷ 290kg = 282.1W·h/kg$

4. 能量密度

动力蓄电池组的能量密度是指动力蓄电池组单位体积所能输出的能量，单位为W·h/L。

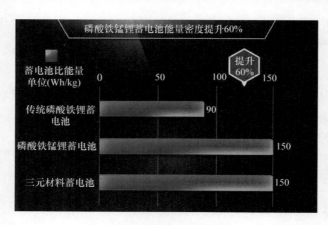

图1-14　不同蓄电池比能量对比

例：某品牌电池工作电压为303V，实际容量为270A·h，大小为1750mm×960mm×215mm，能量密度为多少？

解：能量密度 = 能量 ÷ 体积 = 303V × 270A·h ÷（1750 × 960 × 215 × 10^{-6}）L = 226.5W·h/L

四、 功率

在一定的放电条件下，电池在单位时间内所输出的能量称为功率。电池的功率决定电动汽车的加速性能。

1. 比功率

电池的比功率是指电池单位质量所能输出的功率，单位为 W/kg。

2. 功率密度

电池的功率密度是指电池单位体积所能输出的功率，单位为 W/L。

五、 内阻

电流通过电池内部时会受到阻碍，使电池的工作电压降低，该阻碍作用的大小称为电池内阻。电池内阻不是一个常数，而是在放电过程中随着活性物质的组成、电解液的密度和温度以及放电时间的变化而变化。电池内阻包括欧姆内阻和电极在电化学反应时所表现出的极化内阻。

电池内阻测试

1）欧姆内阻：主要由电极材料、电解液、隔膜的内阻及各部分零件的接触电阻组成。

2）极化内阻：是指化学电池的正极与负极在电化学反应进行时由于极化所引起的内阻。

六、 循环次数

蓄电池的工作是一个不断充电－放电的循环过程。在每一个循环中，电池中的化学活性物质都要发生一次可逆的化学反应。随着充电和放电次数的增加，电池中的化学活性物质会发生老化变质，逐渐削弱其化学功能，使得电池充电和放电的效率逐渐降低，最后电池会损失全部功能而报废。蓄电池充电和放电的循环次数与电池的充电和放电的形式、电池的温度

01

和放电深度有关，放电深度浅有利于延长电池的寿命。电池在电动汽车上的使用环境、电池组中各个电池的均衡性、安装固定方式、所受的振动和电路的安装方式等，都会影响电池的工作循环次数。

七、 使用年限

电池除了用循环次数表示使用寿命外，通常还要用电池的使用年限来表示电池的使用寿命。

八、 放电率

放电率是度量蓄电池放电快慢的放电参数，一般有以下两种表达方式。

时率：以放电时间表示的放电率，例如某蓄电池以 10h 放电完毕，称为 C10 放电率。

倍率：以放电电流的数值对额定容量数值的倍率表示的放电率，例如 0.1C 放电率表示放电电流大小为蓄电池额定容量数值的 0.1 倍。

九、 自放电率

自放电率又称为荷电保持能力，是指电池在开路状态下，电池所储存的电量在一定条件下的保持能力。其主要受电池制造工艺、材料、储存条件等因素影响，是衡量电池性能的重要参数。

自放电率是指电池在存放时间内，在没有负载的条件下自身放电，使电池容量损失的速度，用单位时间（月或年）内电池容量下降的百分数来表示，如图 1-15 所示。

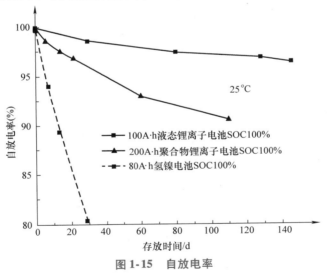

图 1-15　自放电率

十、 成本

电池成本与电池的技术含量、材料、制作方法和生产规模有关，一般以电池单位容量或能量的成本表示，单位为元/（A·h）或元/（mA·h）。对于不同类型、不同生产厂家、不同型号的电池成本分布可以通过图 1-16 进行比较。

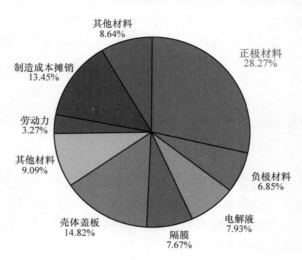

图 1-16　电池成本分布

【知识拓展】宁德时代的麒麟电池

2022 年 6 月 23 日，宁德时代正式发布第三代 CTP（Cell To Pack）技术，同时宣布这款名为"麒麟电池"的新产品将于 2023 年量产上市。

麒麟电池能量密度达 255W·h/kg，实现整车 1000km 续驶。

学习情境二

铅酸蓄电池

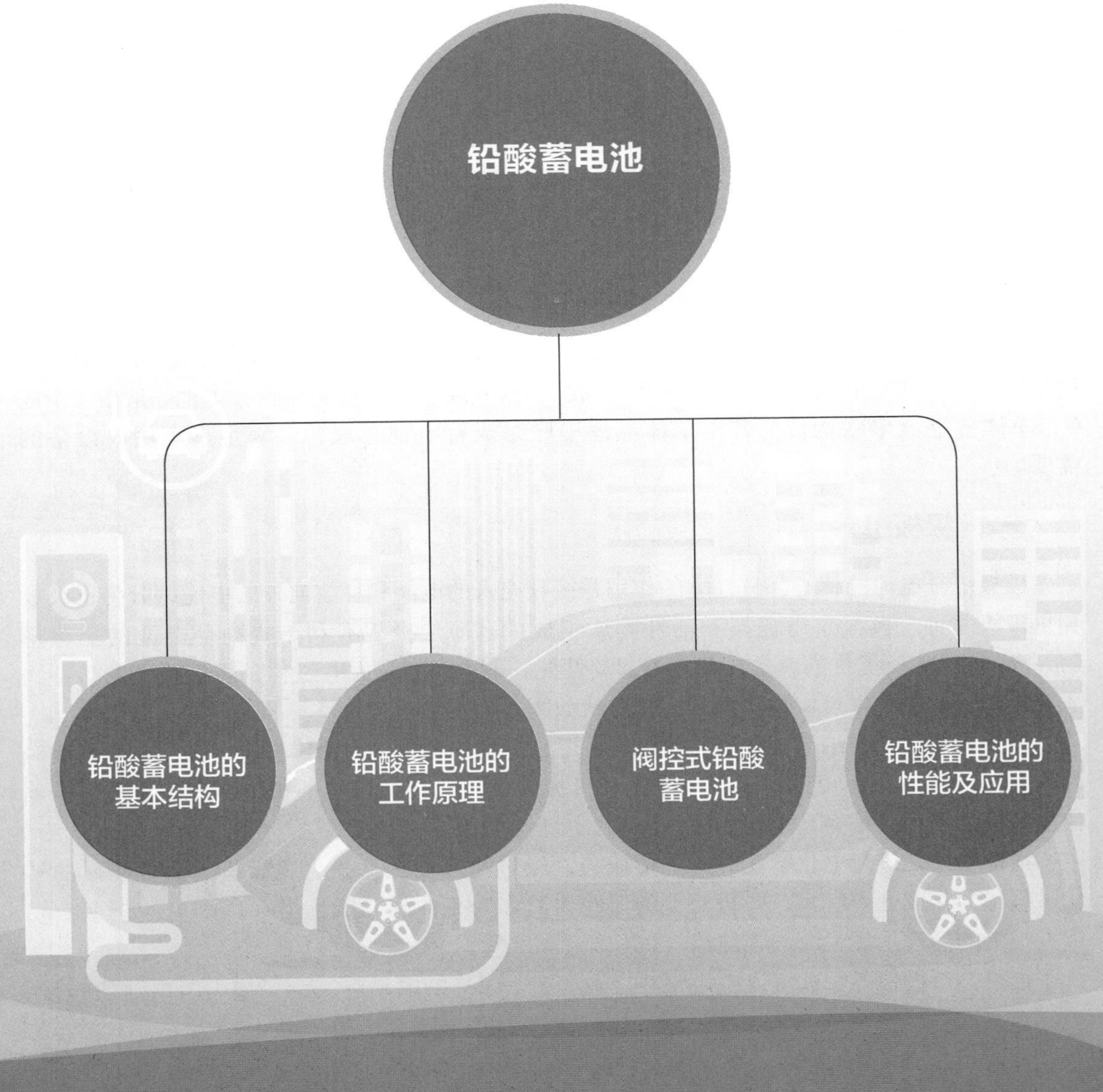

铅酸蓄电池

铅酸蓄电池的基本结构

铅酸蓄电池的工作原理

阀控式铅酸蓄电池

铅酸蓄电池的性能及应用

学习目标：

1. 了解铅酸蓄电池的基本结构。
2. 掌握铅酸蓄电池的工作原理。
3. 掌握阀控铅酸蓄电池的发展、工作原理及特点。
4. 了解铅酸蓄电池的性能及应用。
5. 培养学生的安全意识及按照企业规范、遵循企业6S管理要求进行车间劳动，同时培养学生精益求精的工作态度。

学习任务1　铅酸蓄电池的基本结构

知识准备：

我们将铅酸蓄电池分为四大类：起动用铅酸蓄电池；动力用铅酸蓄电池；固定型阀控式铅酸蓄电池；其他类，包括小型阀控式铅酸蓄电池和矿灯用铅酸蓄电池等。

一个单体铅酸蓄电池的标称电压是2.0V，能放电到1.5V，能充电到2.4V。在应用中，经常用6个单体铅酸蓄电池串联起来组成标称电压是12V的铅酸蓄电池。还有标称电压为24V、36V、48V等的铅酸蓄电池。

问题引导：铅酸蓄电池的基本结构是怎样的?

铅酸蓄电池是由正、负极板，隔板，外壳，极柱和安全阀等主要部件构成的，如图2-1所示。每个单体蓄电池的标称电压为2V，故一个6V或12V的起动用铅酸电池一般由3个或6个单体蓄电池串联构成。若干单体电池串联组成蓄电池总成，以满足汽车用电设备的需要。

一、 极板组

极板组是电池的核心部分，它的作用是接收充入的电能和释放向外的电能，分为正极板和负极板两种。极板是由栅架和活性物质组成的，薄形极板有利于提高蓄电池的比容量（极板单位尺寸所提供的容量）和改善起动性能。蓄电池的充放电过程是靠极板上的活性物质与电解液的电化学反应来实现的，其形状如图2-2所示。

栅架的作用是容纳活性物质并使极板成形，栅架的材料多为铅锑合金。铅的质量分数一般为5%～7%，加铅可以提高浇铸性能和机械强度，但会加速氢的析出，产生自放电，加快电解液的消耗，缩短蓄电池的使用寿命。

活性物质是进行电化学反应的主要成分。经过化成处理（正、负极板上活性物质的转化过程称为化成处理）后，正极板上的活性物质多为孔性的二氧化铅（PbO_2），呈红棕色；负极板上的活性物质为海绵状纯铅（Pb），呈灰青色。

把正、负极板各一片浸入电解液中，就可获得2V的电动势，为了增大蓄电池的容量，常将多片正、负极板组装为极板组装在单体电池内。由于正极板的机械强度差，单面工作时会使两侧活性物质体积变化不一致，造成极板拱曲、活性物质容易脱落，因此负极板的数量总比正极板多一片，这样每片正极板都处于负极板之间，可使其两侧放电均匀。

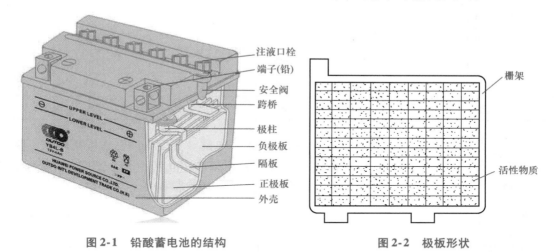

注液口栓
端子（铅）
安全阀
跨桥
极柱
负极板
隔板
正极板
外壳

栅架

活性物质

图 2-1　铅酸蓄电池的结构　　　　　　图 2-2　极板形状

二、隔板

隔板的作用是将浸在硫酸溶液中的正、负极板隔开。为减小蓄电池体积，正、负极板应尽可能地靠近，但又要确保正、负极板之间有必要的绝缘层，因此隔板需由带微孔的橡胶、塑料、玻璃、纤维等绝缘材料制成。它除了在正、负极板间起绝缘作用外，还要使电解液中正、负离子顺利通过，阻缓正、负极板活性物质的脱落，防止正极板因振动而损伤，因此要求隔板有足够的孔率（60%）且具有孔径小、耐酸、不分泌有害物质、有一定的强度、在电解液中电阻小、具有化学稳定性等特点。因正极板在充放电过程中化学反应剧烈，安装时隔板带槽的一面应朝向正极板，且沟槽必须与外壳底部垂直，这样沟槽能使电解液上下流通，也可使气泡上下流通，还能使脱落的活性物质沿槽下沉。

近年来，有些厂家还把隔板做成信封式套在正极板上，这样可以有效地防止活性物质脱落，如图 2-3 所示。

三、电解液

电解液又称为电解质，俗称电水。它的作用是促使极板活性物质电离产生电化学反应。电解液是用专业的蓄电池用硫酸与蒸馏水按一定的比例配置而成的。一般汽车用铅酸蓄电池采用的电解液是密度为（1.280 ± 0.010）g/cm^3（25℃）的稀硫酸。

电解液的密度对电池的性能和使用寿命影响很大。为了提高蓄电池的容量和降低电解液冰点，需要提高电

隔板

图 2-3　隔板

解液的密度。但是密度过大，将导致黏度增加，会降低蓄电池的容量。我国地域辽阔、气候条件复杂，因此必须对不同气候条件下电解液的密度值作出规定，见表 2-1。

表 2-1　不同气候条件下电解液规定密度值

气候条件	全充电 15℃时的密度/$g \cdot cm^{-3}$	
	冬季	夏季
冬季温度低于 -40℃地区	1.310	1.250
冬季温度高于 -40℃地区	1.290	1.250
冬季温度高于 -30℃地区	1.280	1.250
冬季温度高于 -20℃地区	1.270	1.250
冬季温度高于 0℃地区	1.240	1.250

一般，温度每变化 1℃，密度变化 $0.0007g/cm^3$。电解液温度升高，密度减小；温度下降，密度增大。因此，温度是确定电解液密度值的前提条件。世界各国规定了电解液的标准温度，我国为 15℃，日本为 20℃，欧洲和美国则分别为 25℃和 30℃。

四、外壳

蓄电池的外壳用于盛装极板组和电解液，外形一般为长立方体，内部一般分隔成互不相通的 3 个或 6 个单体电池槽，顶沿四周有与电池盖相连接的特制封沟，壳内底部有凸筋，用以支撑极板组。

制造外壳的材料一般有硬橡胶、聚丙烯塑料两种。采用硬橡胶制成的外壳具有耐酸、耐热、耐寒、耐振、绝缘性能好且具有一定的机械强度等优点，但其壳体壁较厚，一般为 10mm；采用聚丙烯塑料制成的外壳不仅耐酸、耐热、耐振，而且强度高、韧性好、质量小，其壳体壁较薄，一般为 3.5mm，且外形美观透明，塑料壳体易于热封合，生产效率高，发展聚丙烯塑料外壳已成为一种趋势。

单体蓄电池的加液孔盖都设有一通气小孔，用于在蓄电池充电时及时排出因电解水而产生的氢气和氧气，以防止气体集聚而使其内部压力升高，造成容器胀裂甚至发生爆炸事故。此外，还可以在孔盖上安装氧过滤器，以减少水蒸气的溢出，从而减少水的损耗。

五、安全阀（排气阀）

安全阀是阀控式电池的一个关键部件，安全阀质量的好坏直接影响电池的使用寿命、均匀性和安全性。根据有关标准和阀控式电池的使用情况，安全阀应满足如下技术条件：

1）单向开阀。

2）单向密封，防止空气进入电池内部。

3）同一组电池各安全阀之间的开闭压力之差不应超过平均值的 20%。

4）寿命不应低于 15 年。

5）滤酸，防止酸和酸雾从安全阀排气口排出。

6）隔爆，电池外部遇明火时电池内部不应被引爆。

7）抗振，在运输和使用期间，安全阀不会因振动和多次开闭而松动失效。

8）耐酸。

9）耐高、低温。

六、 其他

蓄电池除上述主要部件外，还有接线端子、连接条等零部件。

学习任务2　铅酸蓄电池的工作原理

知识准备：

　　铅酸蓄电池充电时将电能转化为化学能在电池内储存起来，放电时将化学能转化为电能供给外部系统。

问题引导：铅酸蓄电池的工作原理是什么？

　　蓄电池中发生的化学反应是可逆的。铅酸蓄电池正极板上的活性物质是二氧化铅（PbO_2），负极板上是海绵状的纯铅（Pb），电解液是硫酸溶液（H_2SO_4）。根据双硫化理论，接通用电设备时，蓄电池可以产生电流，而放电后又以相反的方向通过电流，可以使极板上的活性物质恢复到原来的状态。在正常、合理的使用条件下，蓄电池能反复进行充、放电循环，发挥储电和供电的功能，因而又称为二次电池或再生电池。国产蓄电池一般的充放电循环次数为250～500次。

一、 蓄电池电动势的建立

　　蓄电池的电动势是由正、负极板浸入电解液后产生的。当极板浸入电解液时，在负极板处，铅受到两方面作用，一方面它具有溶解于电解液的倾向，少量铅溶于电解液，生成Pb^{2+}，在极板上留下两个电子，使极板带负电；另一方面，由于正、负电荷的吸引，Pb^{2+}有沉附于极板表面的倾向。当两者达到平衡时，溶解停止，使负极板具有负电位，约为$-0.1V$。正极板上，少量的PbO_2溶于电解液，与水生成$Pb(OH)_4$，再离解成四价铅离子和氢氧根离子，化学反应式为

$$PbO_2 + 2H_2O \rightarrow Pb(OH)_4$$
$$Pb(OH)_4 \rightarrow PbO_2 + 2H_2O$$

　　Pb^{4+}有沉附于极板的倾向且这种倾向大于溶解的倾向，因而在正极板上使极板呈正电位，当达到平衡时，约为$2.0V$。因此，当外电路未接通，反应达到相对平衡时，蓄电池的静止电动势E_0约为$2.1V$。

　　其充电和放电过程是通过电化学反应完成的，其电化学反应被称为双硫化反应，铅酸蓄电池的反应原理如图2-4所示。

　　正极成流反应为

$$Pb + HSO_4^- \rightarrow PbSO_4 + 2e^- + H^+$$

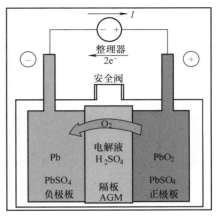

图2-4　铅酸蓄电池的反应原理

负极成流反应为

$$PbO_2 + Pb + 2H_2SO_4 \rightarrow 2PbSO_4 + 2H_2O$$

电池总反应为

$$PbO_2 + 3H^+ + HSO_4^- + 2e^- \rightarrow PbSO_4 + 2H_2O$$

二、放电过程

$$PbO_2 + Pb + 2H_2SO_4 \rightarrow 2PbSO_4 + 2H_2O$$

在放电过程中，正极的 PbO_2 与 H_2SO_4 作用，生成过硫酸铅 $[Pb(SO_4)_2]$ 和 H_2O，过硫酸铅很不稳定，它分解成的 Pb^{4+} 沉附在正极板上而 SO_4^{2-} 进入电解液中，负极中的 Pb 在硫酸溶液溶解张力的作用下，变为 Pb^{2+} 溶到电解液中，留下 2 个电子在负极板上，电池将形成 2.1V 的电动势。如果外电路接通，负极板的电子将沿着外电路向正极板做定向移动，形成放电电流。这时的化学反应为正极板上 Pb^{4+} 得到 2 个电子变成 Pb^{2+}，Pb^{2+} 与 SO_4^{2-} 结合成 $PbSO_4$ 沉附在正极板上，负极上受到电子束缚力减少的 Pb^{2+} 与 SO_4^{2-} 结合成 $PbSO_4$ 沉附在负极板上。

三、充电过程

充电过程是放电过程的逆反应，充电的生成物就是放电的反应物。

铅酸蓄电池在充电后期和过充电时，会发生电解水的副反应，在电极上产生一定量的气体。

正极：$2H_2O \rightarrow O_2 + 4H^+ + 4e^-$

负极：$2H^+ + 2e^- \rightarrow H_2$

充放电工作过程如图 2-5 所示。

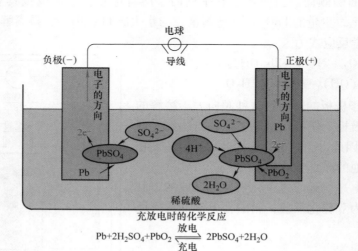

图 2-5 充放电工作过程

学习任务3　阀控式铅酸蓄电池

知识准备:

　　MF、SLA、VRLA 都是国内外对阀控式蓄电池陆续使用过的称谓。MF（Maintenance - Free Battery）是免维护蓄电池的简称；SLA（Sealed Lead - Acid Battery）是密封铅酸蓄电池的简称；VRLA（Valve Regulated Lead - Acid Battery）是阀控式铅酸蓄电池的简称。从 MF、SLA 到 VRLA，不仅是名称的改变，也说明了阀控式蓄电池的发展历程。

问题引导1: 阀控式铅酸蓄电池的发展是怎样的?

一、　阀控式铅酸蓄电池的发展

　　早期的免维护蓄电池（MF），是指蓄电池使用期间不需加水、补酸维护，蓄电池免维护技术的应用可追溯到 20 世纪 30 年代。1935 年美国为军用目的，首次将 Pb - Ca 合金栅应用于需要低自放电率的场合，20 世纪 70 年代中期，美国的 Gates 公司推出了现代免维护蓄电池。20 世纪 80 年代，由于先进的冶金、化工等新技术引入电池行业，出现了密封铅酸蓄电池（SLA）。SLA 除了采用电池内部气体复合技术外，还对电池结构进行了改进，采用单向气阀使电池密封。

　　随着安全阀技术的日益完善，特别是实现比较准确的开、闭阀压力后，阀成了气体复合与密封的主要部件，出现了阀控式铅酸蓄电池（Valve Regulated Lead - Acid Battery，VRLA），如图 2-6 所示。

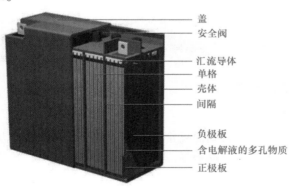

　　盖
　　安全阀
　　汇流导体
　　单格
　　壳体
　　间隔
　　负极板
　　含电解液的多孔物质
　　正极板

图 2-6　阀控式铅酸蓄电池

问题引导2: 阀控式铅酸蓄电池有哪些特点?

二、　阀控式铅酸蓄电池的特点

1）密封性好，电解液呈凝胶状并被吸收在高孔率的隔板内，不会自由流动或溢出，不会发生电解液泄漏，放置方式比较自由。

2）极板栅架采用少锑或无锑铅合金，自放电小。

3）正、负极被隔离板包围，有效物质不易脱落，性能稳定，寿命较长。

4）采用阴极吸收法抑制气体产生，利用负极容量过剩吸收氧气，由阀盖调节内外气压平衡，水分蒸发少，使用中不需要添加蒸馏水。

5）电池内阻小，大电流放电特性好。

由于阀控式铅酸蓄电池在使用中不会出现电极短路、活性物质脱落、水分损失等问题，因而其使用寿命较长。

虽然阀控式铅酸蓄电池的比能量、能量密度不能和镍镉蓄电池、镍氢蓄电池、锂离子蓄电池、锂聚合物蓄电池等相比，但阀控式铅酸蓄电池容量大、无记忆效应、价格便宜、性价比高，目前它的销售量仍居化学电源产品的首位。阀控式铅酸蓄电池越来越多地用作电动自行车、电动滑板车及电动摩托车的动力电源。具有蓄电池第三电极之称的隔板对阀控式铅酸蓄电池尤为重要。由于玻璃微纤维隔板具有很大的表面积，电池反应所产生的氢和氧在负极板附近重新生成水，蓄电池中的水基本不损失，因此不必加水，即免维护。产生的少量没有重新化合成水的氧在达到一定压力时可通过安全阀排出。

学习任务 4　铅酸蓄电池的性能及应用

知识准备：

铅酸蓄电池是一种电极主要由铅及其氧化物制成，电解液是硫酸溶液的蓄电池。铅酸蓄电池放电状态下，正极主要成分为二氧化铅，负极主要成分为铅；充电状态下，正负极的主要成分均为硫酸铅。

问题引导 1： 铅酸蓄电池的主要特点有哪些?

一、铅酸蓄电池的主要特点

1. 铅酸蓄电池的优点

1）价格低廉。原材料容易得到而且价格便宜、技术成熟、生产方便、产品一致性好。

2）比功率高。铅酸蓄电池电动势高，大电流放电性能优良，可以满足车辆起动和加速的功率要求。

3）浮充电（恒压小电流充电，可防止蓄电池自放电）寿命长。其在 25℃下浮充状态使用可达 20 年。

4）使用安全。铅酸蓄电池易于识别电池荷电状态，可在较宽的温度范围内使用，且电性能稳定可靠。

5）再生率高。

2. 铅酸蓄电池的缺点

1）比能量低。

2）循环寿命短。循环充电次数不足 300 次。

3）自放电，过充电时有大量气体产生。

4）供电不稳定。供电强弱随温度而变化，冬天只能释放一半的电量。

5）污染严重。

问题引导 2：铅酸蓄电池的主要性能指标有哪些？

二、　铅酸蓄电池的主要性能指标

1. 安全性能

安全性能指标不合格的蓄电池是不可接受的，特别是爆炸和漏液隐患。爆炸和漏液的发生主要与蓄电池的内电压、结构、工艺设计（比如安全阀失效）存在问题及不正确操作有关。

2. 额定容量

额定容量是蓄电池在一定的放电条件下应该放出的最低限度的电量，单位为 A·h。使用条件不同，蓄电池能够放出的容量也不同。常用的蓄电池规定放电条件如下：

1）蓄电池放电电流。即一般所说的放电率，针对蓄电池放电电流的大小分别有时间率和电流率。放电时间率是指在一定的放电条件下放电到终止电压的时间长短。依据国际电工委员会（IEC）标准，放电率分别为 20h 率、10h 率、5h 率、3h 率、2h 率、1h 率、0.5h 率等。蓄电池的额定容量用 C 来表示，以不同的放电率得到的蓄电池的容量不同。

2）放电终止电压。放电电流不同，放电终止电压也不相同。随着放电的进行，蓄电池的端电压会逐步下降。在 25℃条件下放电到能够再次反复充电使用的最低电压称为放电终止电压。放电率不同，放电终止电压也不相同。一般以 10h 率放电的终止电压为 1.8V/单体，以 2h 率放电的终止电压为 1.75V/单体。低于这个电压时，虽然可以放出稍微多一点的电量，但是容易造成再次充电时的容量下降，所以除非特殊情况，不应放电到终止电压。

3）放电温度。蓄电池在低温时放电容量小，高温时放电容量大，为了统一放电容量就规定了放电温度。

4）蓄电池的实际容量。蓄电池的实际容量反映了蓄电池实际存储电量的多少，单位用安时（A·h）表示，安时数越大，则蓄电池的容量就越大。在使用过程中，蓄电池的实际容量会逐步衰减。国家标准规定，新出厂蓄电池的实际容量大于额定容量的为合格蓄电池。如市场上电动自行车的蓄电池，以 5A 的恒定电流放电要超过 2h，相当于电动自行车在平坦的路上连续行驶 2h 以上。

影响蓄电池容量的因素有极板的构造、充放电电流的大小、电解液的温度及密度等，其中以充放电电流的大小和电解液温度的影响最大。充放电电流过大，将使极板上的活性物质变化仅处于表面，则容量降低很多。蓄电池的放电电流不同，所能够放出的电量也不相同，放电电流越大，能够放出的电量越小。例如电动自行车常用的放电电流为 5A，使用标称容量 10A·h 的蓄电池就是 2h 率放电；如果采用 10h 率放电，可以达到 12A·h。这样，该蓄电池如果按照 2h 率则标称容量应该是 10A·h，如果按照 10h 率则标称容量就是 12A·h。所以评价蓄电池的容量不仅仅要看蓄电池的标称容量，还要看蓄电池的放电率。电动自行车蓄电池容量往往标称为 10A·h，同一个蓄电池容量也可以标称为 12A·h 和 14A·h。再比如，14A·h 容量的蓄电池也可以标称为 17A·h。还有一些蓄电池容量标称为 20A·h，蓄电池容量标称值虽然大了，但是其容量没有明显的变化。

3. 内阻

蓄电池的内阻是指电流流过蓄电池内部时所受的阻碍作用，铅酸蓄电池的内阻很小，需要用专门的仪器才可以测得比较准确的结果。一般所指的蓄电池内阻是充电态内阻，即蓄电池充满电时的内阻。与之对应的是放电态内阻，但其不太稳定。蓄电池的内阻越大，蓄电池放电时自身消耗掉的能量越多，其使用效率越低。内阻很大的蓄电池在充电时发热很厉害，使蓄电池的温度急剧上升，对蓄电池和充电器的影响都很大。随着蓄电池使用次数的增多，由于电解液的消耗及蓄电池内部化学物质活性的降低，蓄电池的内阻会有不同程度的增大。质量越差的蓄电池，内阻增大越快。

蓄电池内部阻抗会因放电量增加而增大，尤其是在放电终止时阻抗最大，这主要是因为放电的进行使得极板内产生不良导体硫酸铅以及电解液相对密度下降，故放电后务必马上充电。若任其持续放电，则硫酸铅形成安定的白色结晶（即硫化现象）后，即使充电，极板的活性物质亦无法恢复原状，从而将缩短蓄电池的使用寿命。

温度的下降将导致电解液流动性变差、极板收缩、化学反应迟缓、蓄电池内阻增加。从 30℃ 开始，温度每下降 1℃，容量将下降 1% 左右，其内阻也有所增大。所以在严寒地区，气温在 −20℃ 以下时蓄电池容量已下降至 60%，且内阻增大，常有蓄电池电力不足的现象。在严寒地区易出现过量放电的问题，而在温带地区则经常出现过量充电的问题。所以要使用好蓄电池，必须根据当地的气候条件掌握其使用规律。蓄电池的充电必须根据不同情况选择适当的方法，并正确地使用充电设备，这样才能提高蓄电池的容量，延长蓄电池的使用寿命。

铅酸蓄电池的内阻与镍氢蓄电池及锂离子蓄电池相比较小，即铅酸蓄电池容量下降 2/3 后，仍能提供较大的电流，而电源电压基本稳定，波动较小。而镍氢蓄电池及锂离子蓄电池不同，以 36V/9A·h 锂离子蓄电池为例，当容量下降到原来的 1/3 后，电流输出为 12A 时，电压就会有 4~5V 的波动，即有电流输出时为 31V，无电流输出时接近 35V。在电动自行车应用中，这种现象表现为骑行时会出现运行不平稳、时而有输出时而无输出的现象。

4. 循环寿命

循环寿命是表示蓄电池容量衰减速度的一项指标，随着使用时间的增加，蓄电池容量的衰减是不可避免的，当容量衰减到某规定值时，可以判定寿命终结。按照电动自行车蓄电池标准，用实际容量衰减到 70% 时的充放电循环次数来表示蓄电池的寿命，合格底线为 350 次。因此，对于日常交通距离小于 30km 的用户而言，若电动机、控制器、充电器等都是良好的，且使用方法正确，一组较好蓄电池的使用时间至少可以达到一年。

影响铅酸蓄电池寿命的因素有极板的内在因素，诸如活性物质的组成、晶型、孔隙率、极板尺寸、板栅材料和结构等；也有一系列的外在因素，如放电深度、过充电程度、电解液温度、电解液浓度、放电电流密度等。

1）放电深度。放电深度即使用过程中放电到什么程度时停止，100% 深度指放出全部容量。铅酸蓄电池的寿命受放电深度的影响很大。

因为正极板活性物质二氧化铅本身互相结合就不牢，放电时生成硫酸铅，充电时又恢复为二氧化铅。硫酸铅的摩尔体积比二氧化铅大，因此放电时活性物质体积膨胀，1mol 氧化铅转化为 1mol 硫酸铅时，体积增加 95%。这样反复收缩和膨胀，就会使二氧化铅粒子之间的相互结合逐渐松弛，易于脱落。若 1mol 二氧化铅的活性物质只有 20% 放电，则收缩、膨胀的程度就大大降低，结合力破坏变缓，因此，放电深度越深，其循环寿命越短。

2）过充电程度。过充电时有大量气体析出，这时正极板活性物质遭受气体的冲击，促使活性物质脱落。此外，正极栅合金也会遭受严重的阳极氧化而腐蚀，所以蓄电池过充电时会使蓄电池的使用寿命缩短。

3）电解液温度。铅酸蓄电池的循环寿命随电解液温度升高而增加。在 10～35℃，温度每升高 1℃，将增加 5～6 个循环；在 35℃～45℃，温度每升高 1℃，可增加 25 个循环以上；但温度高于 50℃ 时，将因负极硫化，容量损失而减少循环次数。

蓄电池的循环寿命在一定温度范围内随温度升高而增加，这是因为容量随温度升高而增大。如果放电容量不变，则在温度升高时，其放电深度降低，进而使寿命增加。

4）电解液浓度。硫酸浓度的增大，虽对正极板容量有利，但蓄电池的自放电将增加、板栅的腐蚀将加速，也会促使二氧化铅松散脱落。随着蓄电池中硫酸浓度的增大，循环寿命将减少。

5）放电电流密度。随着放电电流密度的增大，蓄电池的循环寿命将减少，因为在大电流密度和高硫酸浓度条件下，正极板二氧化铅易松散脱落。

5. 荷电保持能力

蓄电池荷电保持能力又称自放电率，是指在开路状态下，蓄电池储存的电量在一定环境条件下的保持能力，其主要是由蓄电池材料、制作工艺、储存条件等多方面的因素决定的。通常温度越高，蓄电池自放电率越大。蓄电池有一定程度的自放电属于正常现象。经充电的蓄电池在存放过程中，其容量会因内部的自放电而逐渐减小，其原因是被充电的阴极活性物质和硫酸起了反应，产生氢气而失电。一般温度越高时，自放电率也越大。在正常情况下，蓄电池每存放一天，容量减小 2% 左右，超过此值则属不正常。造成蓄电池自放电的主要原因是电解液不纯净或单体蓄电池内电解液中硫酸的浓度不均匀，特别是电解液中的硫酸下沉，出现上下浓度差时，就会使极板产生电位差而引起自放电。

6. 高率放电性能

高率放电性能即大电流放电能力，主要和蓄电池的材料及制作工艺有关。

7. 蓄电池的额定电压

国家标准规定的蓄电池电压值为额定电压，单位为 V。铅酸蓄电池每格单体蓄电池额定电压值为 2V。蓄电池的电动势和硫酸浓度成正比，并受温度影响。

蓄电池组的工作电压是指蓄电池组实际输出电能时的电压值，例如 36V 蓄电池组的工作电压一般在 31.5～41V，电压低于 31.5V 时称为过放电或欠电压，容易损坏蓄电池组，影响蓄电池的使用寿命。

8. 电解液

电解液是由高纯度硫酸和纯水混合而成的无色透明的稀硫酸溶液，它和正、负极板上的活性物质起化学反应，把化学能转化成电能，同时在蓄电池内部起导电作用。电解液的相对密度在标准温度（20℃）下为 1.28。

问题引导3：铅酸蓄电池的使用条件有哪些？

三、 铅酸蓄电池的使用条件

1）避免将蓄电池与金属容器直接接触，应采用防酸和阻热材料，否则会引起冒烟或燃烧。

2）使用指定的充电器在指定的条件下充电，否则可能会引起蓄电池过热、放气、泄漏、燃烧或破裂。

3）不要将蓄电池安装在密封的设备里，否则可能会使设备破裂。

4）将蓄电池使用在医护设备中时，应安装主电源外的后备电源，否则主电源失效时会引起伤害。

5）将蓄电池放在远离能产生电火花的设备的地方，否则电火花可能会引起蓄电池冒烟或破裂。

6）不要将蓄电池放在热源（如变压器）附近，否则会引起蓄电池过热、泄漏、燃烧或破裂。

7）应用中蓄电池数目超过一个时，应确保蓄电池间连接无误，且与充电器或负载连接无误，否则会引起蓄电池破裂、燃烧或蓄电池损害，某些情况下还会伤人。

8）特别注意别让蓄电池砸在脚上。

9）蓄电池的指定使用范围如下（超出此范围可能会引起蓄电池损害）：

蓄电池的正常操作温度：25℃；

蓄电池放电后温度（装在设备中）：-15～50℃；

充电后温度：0～40℃；

储存中温度：-15～40℃。

10）不要将装在机车上的蓄电池放在高温下、直射阳光中、火炉或火前，否则可能会造成蓄电池泄漏、起火或破裂。

11）不要在充满灰尘的地方使用蓄电池，否则可能会引起蓄电池短路。在多尘环境中使用蓄电池时，应定期检查蓄电池。

问题引导4：铅酸蓄电池的维护方法有哪些？

四、 铅酸蓄电池的维护方法

1. 补充充电

补充充电维护是通过充电使蓄电池内部发生的一系列化学反应，从而使蓄电池技术状态迅速得到恢复。常采用恒压充电、恒流充电、脉冲充电、综合充电四种维护工艺。

（1）恒压充电维护　恒压充电维护是指在给蓄电池充电时保持充电电压不变的一种充电方式，充电电压一般按每个单格2.5V选择。充电时随着蓄电池两端电压的逐渐升高，电流逐渐减小，直至接近于零。恒压充电过程中随着电流的降低电解液密度变浓，它的优点是能有效避免蓄电池过充电，缺点是在充电初期电流值过大容易造成蓄电池极板弯曲，严重时蓄电池将会报废。鉴于此种方法的缺点一般在铅酸蓄电池的补充充电时使用。汽车运行过程中蓄电池的充电也可采用此种方法。

（2）恒流充电维护　恒流充电维护是在给蓄电池充电时，保持充电电流不变的一种充电方式。随着蓄电池的端电压的升高，若蓄电池单格电压升高到 2.4V，电解液开始有气泡冒出时需要把电流值减半至蓄电池充电完成。恒流充电的优点是控制方法简单、适应性强；缺点是充电时间相对较长，要调整电流进行充电。所以一般适用于汽车新蓄电池的充电、恢复后蓄电池的充电和使用中蓄电池的补充充电。

（3）脉冲充电维护　脉冲充电是维护过程中分阶段采用高低不同电流对铅酸蓄电池充电。初期正脉冲阶段采用 0.8~1.0A 大电流对蓄电池充电，当蓄电池在短时间内容量迅速达到 60% 左右，单格电压上升到 2.4V 时，转入前停充阶段，一般停 24~40μs 后再转入负脉冲瞬间放电阶段，然后转入后停充阶段，再放电 25μs。整个脉冲的充电过程就是按正脉冲充电→前停充→负脉冲瞬间放电→后停充→正脉冲充电循环进行，直至蓄电池电量充足为止。脉冲充电维护能有效降低铅酸蓄电池的极化现象，降低蓄电池的硫化问题。当前，脉冲充电是对蓄电池最理想的充电方式。

2. 去硫化

蓄电池在长时间充电不足或放电后未及时充电的情况下，极板上会出现白色晶粒硫酸铅，这种现象叫硫酸铅硬化（简称硫化）。如果硫化严重的情况下需要以去硫化的方法进行维护，其中水疗法与充放电法相结合是铅酸蓄电池常用的去硫化的方法：把蓄电池放电到端电压 1.75V 后倒出电解液，加入蒸馏水继续充电，反复以上过程直至输出容量达到额定容量的 80% 时蓄电池可再次装车使用。

3. 放电

蓄电池在使用了一段时间后必然会有一些活性物质下沉，如果活性物质不及时激活，势必会对蓄电池的容量造成影响。因此，在经常使用蓄电池的时候，要做到每一季度对蓄电池深度放电一次。

4. 充电器

蓄电池充电过程一般都是 6~8h，充满电后充电器会亮绿灯，如果充电时间过长，就要检查充电器电压保护装置是否坏损，如果坏损就需要及时地调换充电器，否则极易充坏蓄电池。另外，使用快速充电器快速充电同样对蓄电池极板有伤害。

5. 蓄电池保护器

蓄电池保护器也就是脉冲发生器，通过脉冲不间断地消除蓄电池硫化，使极板始终保持"洁净"，从而达到延长蓄电池使用寿命的效果。但其对大电流损伤的蓄电池极板作用不大。

6. 清洁

蓄电池如果不及时清洁，很容易影响蓄电池的使用寿命和通电效果。简单地说，蓄电池是一种能将化学能转化为电能的电化学设备。蓄电池的极柱和夹头之间在不清洁的情况下很容易发生氧化反应，严重的甚至可以腐蚀夹头部位的金属部件。

问题引导 5：铅酸蓄电池有哪些应用？

五、 铅酸蓄电池的应用

铅酸蓄电池由于原材料来源丰富、价格低廉且性能优良，是目前工业、通信、交通、电力系统中应用最为广泛使用的二次电池。目前主要应用领域如下：

1）汽车和摩托车行业。主要是为发动机的起动和车载电子设备的使用等提供电能。

2）工业电力系统。用于输变电站，为动力机组提供合闸电流，为公共设施提供备用电源以及通信用电源。

3）电动汽车和电动自行车行业。蓄电池取代汽油和柴油，作为电动汽车、电动自行车行驶的动力来源。

4）新能源用铅酸蓄电池。利用绿色能源（如风能和太阳能）发电时，可先给铅酸蓄电池充电，通过逆变器将铅酸蓄电池的直流电变换为交流电，然后对外供电。

此外，铅酸蓄电池还广泛应用于矿井、飞机、坦克、潜艇、叉车等领域，作为这些行业设备的照明电源或应急电源，甚至作为动力电源。

学习情境三

镍氢蓄电池

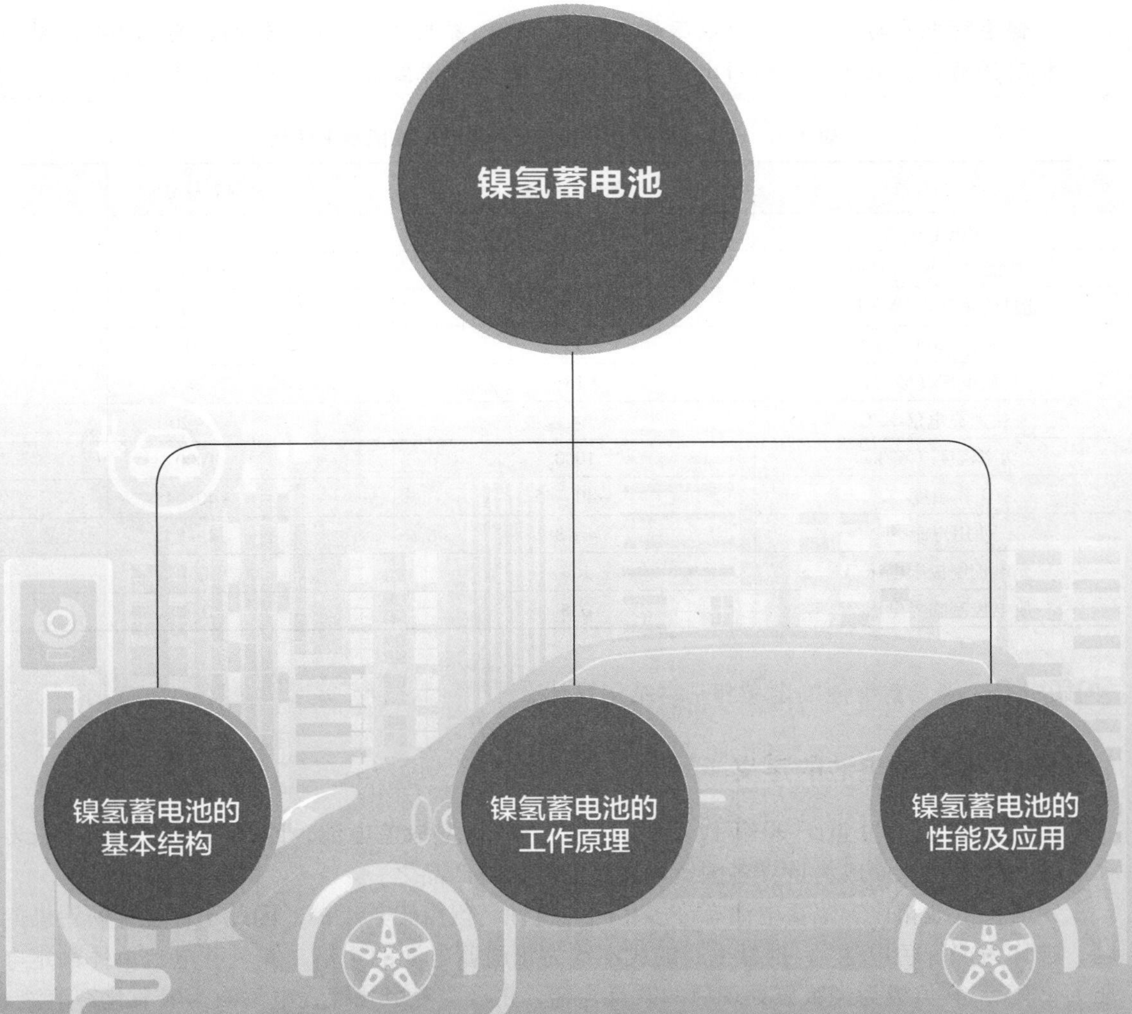

镍氢蓄电池

镍氢蓄电池的
基本结构

镍氢蓄电池的
工作原理

镍氢蓄电池的
性能及应用

03

学习目标：

1. 了解镍氢蓄电池的基本结构。
2. 掌握镍氢蓄电池的工作原理。
3. 了解镍氢蓄电池的性能及应用。
4. 培养学生遵循企业 6S 管理、养成安全生产的工作态度，培养学生的团队协作的能力。

学习任务 1　镍氢蓄电池的基本结构

知识准备：

镍氢蓄电池与镍镉蓄电池电压基本相同，镍氢蓄电池自放电率较高，其他各项性能指标有高有低，表 3-1 详细列出了日本镍镉蓄电池和镍氢蓄电池的性能水平现状。

表 3-1　日本镍镉蓄电池和镍氢蓄电池的性能水平现状

性能参数	镍镉蓄电池	镍氢蓄电池
放电电压/V	1.0	1.0 ~ 1.2
比能量/(W·h/kg)	50 ~ 60	60 ~ 80
能量价格/[$/(W·h)]	0.3	0.4
低温性能(-20℃)放电(%)	50	50
自放电率/(%/月)	15	20
快速充电倍率/C	4	3 ~ 20
功率密度/(W/kg)	1000	1000
工作温度/℃	-40 ~ 45	-40 ~ 45
使用寿命/年	4 ~ 8	4 ~ 8
充电控制极限电压/V	1.4	1.4
放电控制临界电压/V	0.8	0.8

问题引导：镍氢蓄电池的定义和基本结构是什么？

一、镍氢蓄电池的定义

镍氢蓄电池是 20 世纪 90 年代发展起来的一种新型绿色电池，因具有高比能量、长寿命、无污染等特点而成为世界各国竞相发展的高科技产品之一。

镍氢蓄电池相比镍镉蓄电池有许多相同的特性，但由于其无镉，因此不存在金属污染问题，被称为"绿色电池"，批量生产的成本约为铅酸蓄电池的 4 倍，镍氢蓄电池单体额定电压为 1.2V，其负极为经吸氢处理后的贮氢合金，正极为氢氧化镍，电解液为氢氧化钾溶液。

镍氢蓄电池是由氢离子和金属镍合成的，电量储备比镍镉蓄电池多 30%，比镍镉蓄电池更轻，使用寿命也更长，并且对环境无污染，镍氢蓄电池的缺点是价格比镍镉蓄电池要贵很多，性能比锂离子蓄电池要差。

镍氢蓄电池的诞生应该归功于贮氢合金的发现。早在 20 世纪 60 年代末，人们就发现了一种新型功能材料——贮氢合金，贮氢合金在一定的温度和压力条件下可吸收和放出大量的氢，因此被人们形象地称为"吸氢海绵"，其中有些贮氢合金可以在强碱性电解质溶液中，反复充放电并长期稳定存在，从而提供了一种新型负极材料，并在此基础上发明了镍氢蓄电池。贮氢合金的主要来源是稀土，而中国的稀土资源占世界总储量的 70% 以上，发展镍氢蓄电池具有得天独厚的优势。

二、 镍氢蓄电池的材料构成

镍氢蓄电池主要由电极材料、电解液、金属材料及隔膜组成，正负极及电解液材料上不同工艺的差异使电池具有不同的性能，其中正极材料决定了蓄电池的容量，负极材料决定了大电流或高温工作时，蓄电池充放电的稳定性。目前正极材料多用高密度氢氧化镍，负极材料为贮氢合金粉（图 3-1）。

图 3-1 镍氢蓄电池的材料构成

正极性能可通过添加制剂来改善，影响镍氢蓄电池正极性能的主要因素如下：

1）稳定、比容量高（ > 500 mA · h/cm³ ）的正极材料氢氧化镍的制备。

2）宽温度（大电流）使用范围（ -20 ~ 50℃ ）下电池性能的稳定性，特别是较高温度下，正极材料氢氧化镍上氧的过电位下降而引起充电过程内电压过高、效率降低。

3）由于极片膨胀使隔膜电解液干涸，电解液内阻加大，将引起电池性能衰退。针对这些因素，一般通过增加添加剂、导电剂、黏合剂等来改善其性能。

从狭义上讲，贮氢材料是一种能与氢反应生成金属氢化物的物质，但是它与一般金属氢化物有明显的差异，即贮氢材料必须具备高度的反应可逆性，而且，此可逆循环的次数必须足够多，一般需超过 5000 次。实际上它必须是能够在适当的温度和压力下大量可逆地吸收和释放氢的材料。

理想的金属贮氢材料应具备以下条件：

1）在不太高的温度下，贮氢量大，氢释放量也大。

2）原材料来源广、价格便宜、容易制备。

3）经多次吸氢、放氢，其性能不会衰减。

三、 镍氢蓄电池的基本结构

镍氢蓄电池由以下几个部分构成：以镍的氢氧化物为主要材料的正极板、以贮氢合金为主要材料的负极板、具有保液能力和良好透气性的隔膜（隔膜主要有尼龙纤维、聚丙烯纤维和维纶纤维电池隔膜）、碱性电解液、金属壳体、具有自动密封功能的安全阀盖帽及其他部件。被隔膜相互隔离开的正、负极板呈螺旋状卷绕在壳体内，壳体用盖帽进行密封，壳体与盖帽之间用绝缘材质的密封圈隔开。

目前，镍氢蓄电池产品主要有圆柱形、扣式和方形三类。不论哪种结构的镍氢蓄电池，均由外壳、正极片、负极片以及正极极耳（导电带）、密封圈、放气阀帽（正极）、隔膜等组成。

镍氢蓄电池是由贮氢合金负极、氢氧化镍正极、氢氧化钾电解液以及隔板等组成的可充电电池，它与镍镉蓄电池的本质区别只是在于负极材料的不同。这种电池的额定电压和镍镉蓄电池完全相同，为12V。它可以直接用在使用镍镉蓄电池的设备上。镍氢蓄电池的设想在20世纪70年代开始有人提及，大量的研究和工业化生产集中在20世纪90年代。作为负极材料的贮氢合金是由A和B两种金属形成的合金，其中A金属（镧、钛、锆等）可以大量吸收氢气，形成稳定的氢化物；而B金属（镍、钴、铁、锰等）不能形成稳定的氢化物，但氢很容易在其中移动。也就是说，A金属控制着氢的吸藏量，而B金属控制着吸放氢的可逆性。按照合金的晶体结构，贮氢合金可分为AB5型、AB2型、AB型、固溶体型等，其中主要使用稀土金属的是AB5型贮氢合金。AB5型贮氢合金主要由铜镧系元素和镍组成，同时少量添加铝、锰、钴等。不是所有的贮氢合金都能做镍氢蓄电池的负极材料。日本生产的镍氢蓄电池主要是用稀土金属和混合稀土金属做负极，生产的蓄电池占全世界该种蓄电池产量的90%以上，美国主要使用钛银基合金做负极，生产的蓄电池约占全世界产量的5%，生产公司有奥芬尼克和杜拉塞乐等几个公司。

学习任务2 镍氢蓄电池的工作原理

知识准备：

镍氢蓄电池是一种碱性电池。镍氢蓄电池和同体积的镍镉蓄电池相比，容量增加一倍，充放电循环寿命也较长，并且无记忆效应。

问题引导： 镍氢蓄电池的工作原理是什么？

镍氢蓄电池正极的活性物质为$NiO(OH)$（放电时）和$Ni(OH)_2$（充电时），负极板的活性物质为H_2（放电时）和H_2O（充电时），电解液采用30%的氢氧化钾溶液，镍氢蓄电池的反应原理如图3-2所示，充电时的电化学反应如下：

负极：$M + xH_2O + xe^- \rightarrow MH_x + xOH^-$

正极：$Ni(OH)_2 + OH^- \rightarrow NiO(OH) + H_2O + e^-$

总反应：$M + xNi(OH)_2 \rightarrow MH_x + xNiO(OH)$

以上反应式中，M为贮氢合金，MH_x为金属氢化物。

由以上各反应式可以看出镍氢蓄电池充电时，负极析出氢气储存在容器中，正极由$Ni(OH)_2$变成$NiO(OH)$和H_2O；放电时氢气在负极上被消耗掉，正极由$NiO(OH)$变成

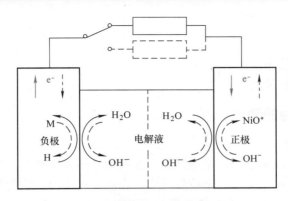

图 3-2　镍氢蓄电池的反应原理

$Ni(OH)_2$。过充电时，正极板析出氧气，负极板析出氢气。由于有催化剂的氢电极面积大，而且氢气能够随时扩散到氢电极表面，因此，氢气和氧气能够很容易在蓄电池内部再化合生成水，使容器内的气体压力保持不变，这种再化合的速率很快，可以使蓄电池内部氧气的浓度保持在千分之几。

　　镍氢蓄电池的反应与镍镉蓄电池相似，只是负极充电过程中的生成物不同。从后两个反应式可以看出，在充放电过程中，发生在镍氢蓄电池正、负极上的电化学反应均属于固相转变机制，整个反应过程中不产生任何中间态的可溶性金属离子，也没有任何电解液的消耗和生成。镍氢蓄电池也可以做成密封型结构。镍氢蓄电池的电解液多采用氢氧化钾水溶液，并加入少量的氢氧化锂，隔膜采用多孔维尼纶无纺布或尼龙无纺布等。为了防止充电过程后期蓄电池内压过高，蓄电池中装有防爆装置。当镍氢蓄电池过充电时，金属壳内的气体压力将逐渐上升。当该压力达到一定数值后，顶盖上的限压安全排气孔打开，因此可以避免蓄电池因气体压力过大而发生爆炸。

学习任务 3　镍氢蓄电池的性能及应用

知识准备：
　　镍氢蓄电池是一种性能良好的蓄电池。镍氢蓄电池分为高压镍氢蓄电池和低压镍氢蓄电池。镍氢蓄电池作为氢能源应用的一个重要方向越来越被人们关注。

问题引导 1：镍氢蓄电池有哪些优缺点？

一、镍氢蓄电池的优点

1）功率性能好。
2）低温性能好。
3）循环寿命高。
4）无污染。

5）耐过充电和过放电。

6）应用比较成熟。

7）管理系统相对简单。

8）具有较高的回收价值。

二、 镍氢蓄电池的缺点

1. 蓄电池的热效应

镍氢蓄电池在电动汽车上的应用遇到的主要问题是热效应问题。其主要原因有两个：一是镍氢蓄电池本身的充电反应是一个放热反应，充电过程中产生的热量达到949J/（A·h）；二是充电效率低，镍氢蓄电池即使在空载下，充电效率也达不到100%，充电量超过80%后，副反应速度增加很快，产热速度迅速上升，严重时会带来热失控问题，且充电电流越大，充电效率越低，产生的热量越多。

2. 蓄电池比能量较低

镍氢蓄电池比能量一般在50~70W·h/kg。虽然是铅酸蓄电池的2~3倍，但与锂离子蓄电池相比，相差较大。

3. 标称电压低

镍氢蓄电池1.2V的标称电压，组合成数百伏的车用动力电源系统时，就需要很多的蓄电池串联，对蓄电池的一致性、可靠性要求更高。

4. 高温充电性能差

在高温下充电效率降低，充电效率的降低推动电池温度的进一步升高，最终可能会出现热失控，进而出现安全问题。

5. 自放电率大

在常用的铅酸、镍氢、锂离子蓄电池中，镍氢蓄电池的自放电率是比较大的，一般充满电常温搁置28天后自放电量可达10%~30%。

6. 材料成本高

镍氢蓄电池中使用了大量较贵重的金属（如镍、钴等），使蓄电池材料成本比较高。

问题引导2： 镍氢蓄电池的主要特性是什么？

三、 镍氢蓄电池的主要特性

镍氢蓄电池的主要特性包括充电特性、放电特性、循环寿命特性、储存特性和安全特性。

1. 充电特性

镍氢蓄电池的充电特性受充电电流、充电时间、充电温度及其他因素的影响。增大充电电流和降低充电温度将导致蓄电池充电电压上升，充电的效率会随充电电流、充电时间和充电温度而变化。一般采用不大于1A的恒定电流充电，充电时环境温度一般在0~40℃，在10~30℃充电能获得较高的充电效率。如果经常在高温环境下对蓄电池充电，会导致蓄电池性能降低，另外，反复的过充电也会降低蓄电池的性能。

2. 放电特性

镍氢蓄电池的放电特性随放电电流、环境温度和其他因素的改变而变化。放电电流越大，环境温度越低，蓄电池放电电压和放电效率都会降低，蓄电池的最大连续放电电流为 3A。蓄电池的放电截止电压一般设定为 $0.9 \sim 1.1V/CELL$，如果截止电压设定得太高，则蓄电池容量不能被充分利用，反之，则容易引起电池过放电。

3. 循环寿命特征

镍氢蓄电池的循环寿命受充放电深度、温度和使用方法的影响。当按照 IEC 标准充放电时，充放电循环次数可以超过 500 次。不同的充电方式，如快速充电以及实际工作的充电方式都会影响到蓄电池的实际循环寿命。

4. 储存特性

蓄电池的储存特性包括自放电特性和长期储存特性。自放电特性是指蓄电池充满电后开路储存时容量损失的现象，自放电特性主要受环境温度的影响，温度越高，蓄电池储存时容量损失越大。蓄电池长时间（如 1 年）储存后，再次使用时，蓄电池容量可能会比储存前的容量小，但经过几次充放电循环后，蓄电池能恢复到储存前的容量。

5. 安全特性

蓄电池不当的使用（如过充电、短路或者反充电），会造成蓄电池内部压力升高。镍氢蓄电池内一个可恢复的安全阀将会打开，从而降低内部压力，防止爆炸。

问题引导3：使用镍氢蓄电池有哪些注意事项？

四、 使用镍氢蓄电池的注意事项

1. 充电注意事项

（1）充电环境温度　环境温度会影响充电效率。当蓄电池在 $10 \sim 30℃$ 的环境下充电时，具有最佳的充电效果。若在 0℃ 以下充电，蓄电池中消气反应的速度将会减慢，造成内压过高，从而使安全阀打开，有可能引起电解液泄漏，使蓄电池性能和使用寿命降低；若在 40℃ 以上充电，充电效率会大大降低；过高的充电温度也会引起蓄电池漏液和性能降低。

（2）禁止反极充电　当蓄电池反极充电时，蓄电池内部会产生大量气体使内压急剧上升，有可能使安全阀来不及动作而造成蓄电池破裂甚至爆炸。

（3）快速充电　快速充电的电流不能超过 1A，在快速充电时，一定要选用有自动截止或转换功能的充电器，若不对快速充电加以控制，蓄电池会因大电流过充电产生过热、漏液，甚至爆炸。

（4）涓流充电　涓流充电的电流一般为 $30 \sim 50mA$。时间限定一般不超过 20h。

2. 放电注意事项

（1）放电环境温度　镍氢蓄电池可以在 $-20 \sim 60℃$ 的环境下放电。蓄电池适宜的放电温度为 $0 \sim 40℃$。

（2）放电电流　蓄电池最适宜的放电电流为 $0.1 \sim 1A$，最大连续放电电流一般不超过 3A，过高的放电电流会降低蓄电池的放电效率，也会引起蓄电池发热。

（3）禁止过放电　蓄电池不允许过放电，过放电会引起蓄电池漏液，缩短蓄电池使用寿命，严重时还可导致电池破裂或爆炸。

3. 镍氢蓄电池的储存

研究表明，镍氢蓄电池充电态储存比放电态储存更能保持蓄电池的性能，因此，储存蓄电池时最好提前将蓄电池充满电。

蓄电池短期储存（不超过 3 个月）时，可以将蓄电池存放在 − 20 ~ 45℃、相对湿度 45% ~ 85% 且无腐蚀的场所。过高的温度易导致蓄电池漏液，使蓄电池性能降低；过高的湿度易引起蓄电池金属件的腐蚀。

蓄电池长期存放的环境温度最好维持为 − 10 ~ 30℃。蓄电池经长期储存后再次使用时，容量可能会比储存前低，但经过几次充放电使用后，就能恢复至储存前的性能。如果蓄电池储存期超过半年，建议每半年至少对蓄电池进行一次充放电。

4. 影响蓄电池寿命的其他因素

正确使用蓄电池能确保蓄电池循环使用 500 次以上。蓄电池是化学品，其性能除了会因反复使用而降低外，还会受一些其他因素影响：如长期搁置不用，其各部件也会发生化学变化而使性能降低；不正确的使用方法或恶劣的使用条件也会导致蓄电池寿命缩短。

问题引导 4：镍氢蓄电池有哪些应用？

五、 镍氢蓄电池的应用

1. 混合动力电动汽车

大功率的镍氢蓄电池可使用在混合动力电动汽车中，最佳的例子就是丰田的普锐斯，该车使用了特别的充放电程序，使蓄电池的循环寿命可保证车辆使用至少 10 年。其他使用镍氢蓄电池的混合动力电动汽车还有本田洞察者、福特翼虎（图 3-3）、雪佛兰迈锐宝、本田思域。

图 3-3　福特翼虎

2. 纯电动汽车

虽然在重量上镍氢蓄电池比锂离子蓄电池重，但仍有部分纯电动汽车使用镍氢蓄电池。例如本田的 EV Plus（图 3-4）、福特汽车的 Ranger EV 等。

3. 怠速停止车用能量再生系统

目前，有些厂家研发采用镍氢蓄电池的怠速停止车用能量再生系统，该系统是在通常配备铅酸蓄电池的基础上组合使用镍氢蓄电池，将减速时产生的能量存储在镍氢蓄电池中再利用，能减轻铅酸蓄电池的负担，延长铅酸蓄电池的寿命。

图 3-4　本田的 EV Plus

【知识拓展】我国稀土储氢材料发展

我国于 1976 年设立国家重点课题，开始研制 LaNi5 系储氢合金。1980 年，试制安装了我国第一台装有 90kg LaNi5 型储氢材料的燃氢汽车，可运行 40km，最大时速达 65km。

20 世纪 90 年代对负极用储氢材料的研究集中在混合稀土系储氢合金类型。

2000 年开始，随着原材料价格的上涨，国内开展廉价稀土储氢合金的研究，主要是采用降低钕、钴等价格较高的元素含量，使得 LaNi5 型储氢合金的性价比更有竞争力。

2003 年开始研究非晶态 Mg 基储氢材料，应用 MA 法制备 Mg – Ni 系合金。

2010 年左右我国稀土储氢材料发展异军突起，生产规模年超过 150t 的生产厂家就有 16 家，1000t 以上规模企业占到一半以上，年产量可达 26000t。根据国家有关部门的统计，从 2005 年以后，我国已经成为世界最大的稀土储氢材料生产国和消费国。

我国在《中国制造 2025》《国家创新驱动发展战略纲要》《汽车产业中长期发展规划》等多个文件中，明确将"氢能与氢燃料电池"作为新兴产业，在战略规划和重点任务上大力发展。

学习情境四

锂离子动力蓄电池

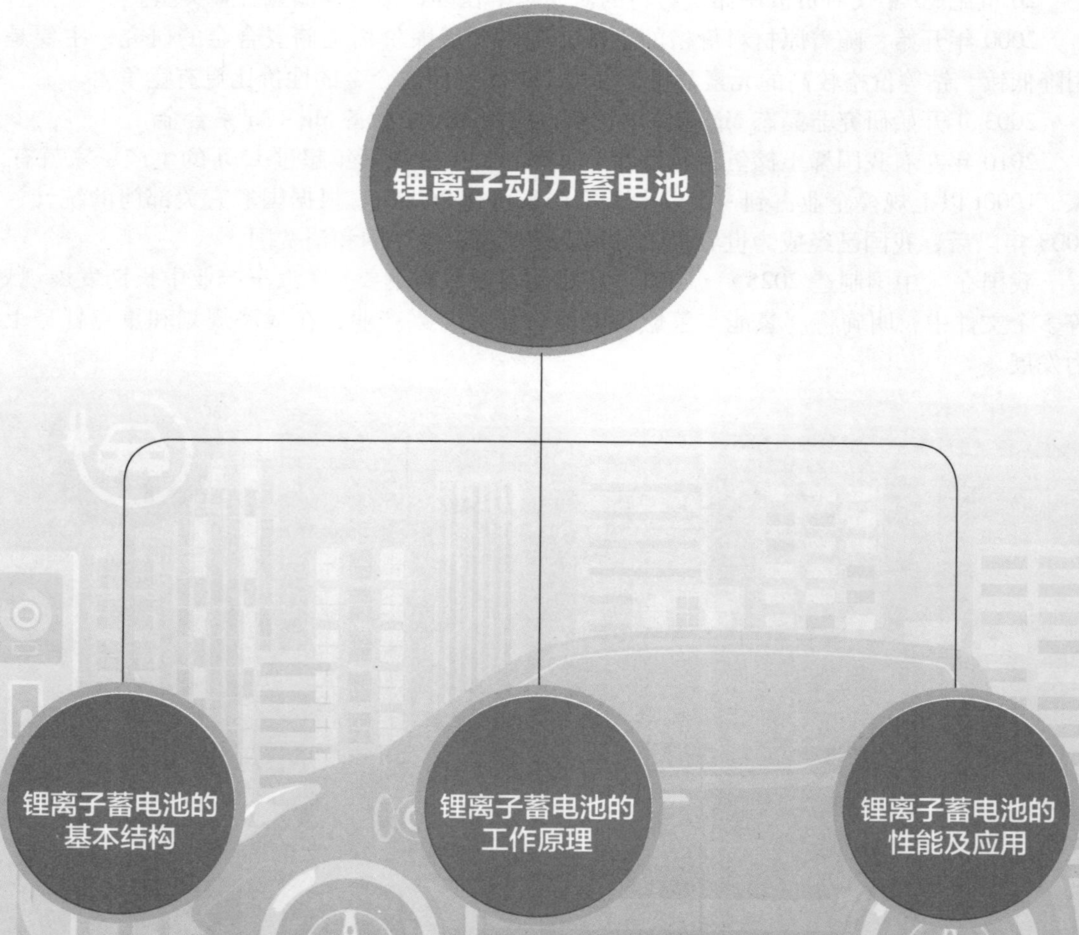

锂离子动力蓄电池

锂离子蓄电池的基本结构

锂离子蓄电池的工作原理

锂离子蓄电池的性能及应用

学习目标：

1. 了解锂离子蓄电池的基本结构。
2. 掌握锂离子蓄电池的工作原理。
3. 了解锂离子蓄电池的性能及应用。
4. 培养学生按照企业规范、遵循企业6S管理要求进行车间劳动，树立安全生产意识。

学习任务1　锂离子蓄电池的基本结构

知识准备：

锂离子蓄电池的基本结构包括电解液、隔离材料、正负极材料等。正极材料占有较大比例［正负极材料的质量比为（3:1）～（4:1）］，因为正极材料的性能直接影响着锂离子蓄电池的性能，其成本也直接决定蓄电池成本。

问题引导： 锂离子蓄电池的基本结构是什么？

锂离子蓄电池内部结构包括正极、负极、电解液、隔膜等，锂离子蓄电池内部结构如图4-1所示。其中正、负极材料的选择和质量直接决定了锂离子蓄电池的性能与价格。因此，廉价、高性能的正、负极材料的研究一直是锂电池行业发展的重点。负极材料一般选用石墨材料，目前的发展比较成熟。而正极材料的研发已经成为制约锂离子蓄电池性能进一步提高、价格进一步降低的重要因素。锂离子蓄电池根据正极材料的不同，分为磷酸铁锂蓄电池、锰酸锂蓄电池、钴酸锂蓄电池以及三元材料锂离子蓄电池等。三元材料锂离子蓄电池以其能量密度高、安全性好等优点在电动汽车上得到了广泛的应用。

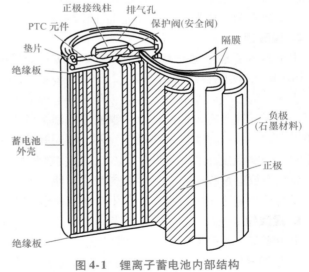

图4-1　锂离子蓄电池内部结构

一、正极材料

锂离子蓄电池正极材料一般为钴酸锂、镍酸锂、锰酸锂或磷酸铁锂材料。

在目前商业化生产的锂离子蓄电池中，正极材料的成本大约占整个蓄电池成本的40%，正极材料价格的高低直接决定着锂蓄电池价格的高低，对锂离子动力蓄电池尤其如此。比如一块手机用的小型锂离子蓄电池大约只需要5g正极材料，而驱动一辆电动汽车用的锂离子动力蓄电池可能需要高达500kg的正极材料。

衡量锂离子蓄电池正极材料的好坏，大致可以从以下几个方面进行评估：

1）正极材料应有较高的氧化还原电位，从而使蓄电池有较高的输出电压。

2）锂离子能够在正极材料中大量地、可逆地嵌入和脱嵌，以使蓄电池有较高的容量。

3）在锂离子嵌入和脱嵌过程中，正极材料的结构应尽可能不发生变化或较小地发生变化，以保证蓄电池良好的循环性能。

4）正极的氧化还原电位在锂离子嵌入和脱嵌过程中的变化应尽可能小，使蓄电池的电压不会发生显著变化，以保证蓄电池平稳地充电和放电。

5）正极材料应有较高的电导率，能使蓄电池大电流充电和放电。

6）正极不与电解质等发生化学反应。

7）锂离子在电极材料中应有较大的扩散系数，便于蓄电池快速充电和放电。

8）价格便宜，对环境无污染。

1. 钴酸锂

目前商业化生产的锂离子蓄电池基本上都选用层状结构的钴酸锂作为正极材料，其理论容量为 $274mA \cdot h/g$，实际容量为 $140mA \cdot h/g$ 左右，也有报道称其实际容量已达 $155mA \cdot h/g$。该正极材料的主要优点是工作电压较高（平均工作电压为3.7V）、充放电电压平稳、适合大电流充放电、比能量高、循环性能好、电导率高、生产工艺简单、容易制备等；主要缺点为价格昂贵、抗过充电性较差。

2. 镍酸锂

用于锂离子蓄电池正极材料的镍酸锂具有与钴酸锂类似的层状结构，其理论容量为 $274mA \cdot h/g$，实际容量已达 $190 \sim 210mA \cdot h/g$，工作电压范围为 $2.5 \sim 4.2V$。该正极材料的主要优点为自放电率低、无污染、与多种电解质有着良好的相容性，与钴酸锂相比价格便宜等。但镍酸锂具有致命的缺点：镍酸锂的制备条件非常苛刻，这给镍酸锂的商业化生产带来相当大的困难；镍酸锂的热稳定性差，在同等条件下与钴酸锂和锰酸锂正极材料相比，镍酸锂的热分解温度最低（200℃左右），且放热量最多，这给蓄电池带来很大的安全隐患；镍酸锂在充放电过程中容易发生结构变化，使蓄电池的循环性能变差。这些缺点使得镍酸锂作为锂离子蓄电池正极材料商业化生产还有一段相当远的路要走。

3. 锰酸锂

用于锂离子蓄电池正极材料的锰酸锂具有尖晶石结构，其理论容量为 $148mA \cdot h/g$，实际容量为 $90 \sim 120mA \cdot h/g$，工作电压范围为 $3 \sim 4V$。该正极材料的主要优点为原材料锰资源丰富、价格便宜、安全性高、比较容易制备。缺点是理论容量不高，材料在电解质中会缓慢溶解，即与电解质的相容性不太好；在深度充放电的过程中，材料容易发生晶格畸变，造成蓄电池容量迅速衰减，特别是在较高温度下使用时更是如此。为了克服以上缺点，近年新发展起来了一种层状结构的三价锰氧化物 $LiMnO_2$。该正极材料的理论容量为 $286mA \cdot h/g$，实际容量为 $200mA \cdot h/g$ 左右，工作电压范围为 $3 \sim 4.5V$。虽然与尖晶石结构的锰酸锂相比，$LiMnO_2$ 在理论容量和实际容量两个方面都有较大幅度的提高，但仍然存在充放电过程中结构不稳定的问题。在充放电过程中，晶体结构在层状结构与尖晶石结构之间反复变化，从而引起电极体积的反复膨胀和收缩，导致蓄电池循环性能变差。而且 $LiMnO_2$ 也存在较高工作温度下的溶解问题。解决这些问题的办法是对 $LiMnO_2$ 进行掺杂和表面修饰。

4. 磷酸铁锂

该材料具有橄榄石晶体结构，是近年来研究的热门锂离子蓄电池正极材料之一。其理论容量为 $170mA \cdot h/g$，在没有掺杂改性时其实际容量已高达 $110mA \cdot h/g$，通过对磷酸铁锂进行表面修饰，其实际容量可高达 $165mA \cdot h/g$，已经非常接近理论容量了，工作电压为 $3.4V$ 左右。与以上介绍的正极材料相比，磷酸铁锂稳定性高、更安全、更环保并且价格低廉。磷酸铁锂的主要缺点是理论容量不高、室温电导率低。基于以上原因，磷酸铁锂在大型锂离子蓄电池方面有非常好的应用前景。但要在整个锂离子蓄电池领域显示出强大的市场竞争力，磷酸铁锂却面临以下不利因素：

1）来自 $LiMn_2O_4$、$LiMnO_2$、$LiNiMO_2$ 正极材料的低成本竞争。

2）在不同的应用领域，人们可能会优先选择更适合的特定电池材料。

3）磷酸铁锂离子蓄电池容量不高。

4）在高技术领域，人们更关注的可能不是成本。

5）磷酸铁锂急需提高其在 $1A$ 放电速度下深度放电时的导电能力，以此提高其比容量。

6）在安全性方面，钴酸锂代表着目前工业界的安全标准，而且镍酸锂的安全性也已经有了大幅度的提高，只有磷酸铁锂表现出更高的安全性能（尤其是在电动汽车等方面的应用），才能保证其在安全方面充分的竞争优势。

二、负极材料

锂离子蓄电池的负极材料为石墨或近似石墨结构的碳（导电集流体使用厚度为 $7 \sim 15 \mu m$ 的电解铜箔），主要是：

1）石墨烯。

2）天然石墨。

3）人工石墨。

4）类石墨（如中间相碳微球）。

5）非石墨碳材（如焦炭系）。

由于石墨烯的比能量较高，且材料本身的结构具有较高的规则性，所以第一次放电的不可逆电容量会较低。另外，石墨烯负极材料具有平稳工作电压的作用，对电子产品的使用和充电器的设计具有优势。而另一种类的焦炭系与炭黑系负极材料第一次充放电反应的不可逆电容量很高，但是此材料可以在较高的放电倍率下进行充放电，另外，此材料的放电曲线较斜，有利于使用电压来监控蓄电池容量的消耗。

三、隔膜

隔膜的性能决定了蓄电池的界面结构、内阻等，直接影响着蓄电池的容量、循环寿命以及安全性能等特性。性能优异的隔膜对提高蓄电池的综合性能具有重要的作用。隔膜的主要作用是使蓄电池的正、负极分隔开来，防止两极接触而短路，此外还具有使电解质离子通过的功能。隔膜的材质是不导电的，其物理化学性质对蓄电池的性能有很大的影响。蓄电池的种类不同，采用的隔膜也不同，对于锂离子蓄电池系列，由于电解液为有机溶剂体系，因而需要耐有机溶剂的隔膜材料，一般采用高强度薄膜化的聚烯烃多孔膜。

锂离子蓄电池隔膜具有大量曲折贯通的微孔，能够保证电解质离子自由通过，进而形成充放电回路；在蓄电池过度充电或者温度升高时，隔膜通过闭孔功能将蓄电池的正极和负极分开以防止其直接接触而短路，达到阻隔电流传导、防止蓄电池过热甚至爆炸的作用。

四、电解液

锂离子蓄电池的电解液是蓄电池中离子传输的载体，一般由锂盐和有机溶剂制成。

电解液在锂离子蓄电池正、负极之间传导电子，是锂离子蓄电池获得高电压、高比能量等优点的保证。电解液一般由高纯度的有机溶剂、电解质锂盐、必要的添加剂等原料，在一定条件下、按一定比例配制而成。

锂离子蓄电池使用的电解质主要有高氯酸锂和六氟磷酸锂等。用高氯酸锂制成的蓄电池低温效果不好，有爆炸的危险，日本和美国已禁止使用。而用含氟锂盐制成的蓄电池性能好、无爆炸危险、适用性强，特别是用六氟磷酸锂制成的蓄电池，除上述优点外，将来废弃蓄电池时的处理工作也相对简单，对生态环境友好，因此该类电解质的市场前景十分广阔。

五、蓄电池外壳

蓄电池外壳分为钢壳（方形蓄电池很少使用）、铝壳、镀镍铁壳（圆柱蓄电池使用）、铝塑膜（软包装）等，还有蓄电池的盖帽，也是蓄电池的正、负极引出端。

六、锂离子蓄电池的种类

1）根据蓄电池所用电解质的状态不同，可分为液体锂离子蓄电池、聚合物锂离子蓄电池和全固态锂离子蓄电池。

2）根据适应的温度，可分为高温锂离子蓄电池和常温锂离子蓄电池。

3）从外形分类，一般可分为圆柱形和方形两种，如图4-2所示。聚合物锂离子蓄电池除制成圆柱形和方形外，还可根据需要制成任意形状。蓄电池内部采用螺旋绕制结构，用一种非常精细且渗透性很强的聚乙烯薄膜隔离材料在正、负极间间隔而成。正极包括由锂和二氧化钴组成的锂离子收集极和由铝薄膜组成的电流收集极；负极由片状碳材料组成的锂离子收集极和铜薄膜组成的电流收集极组成。蓄电池内充有有机电解质溶液。另外，蓄电池还装有安全阀和PTC元件，以便蓄电池在不正常状态及输出短路时保护蓄电池不受损坏。

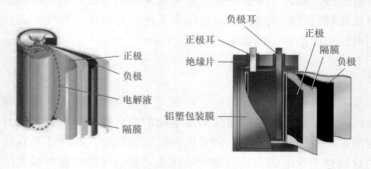

图4-2　圆柱形和方形锂离子蓄电池

04

学习任务 2 锂离子蓄电池的工作原理

知识准备：

锂离子蓄电池是一种二次电池（充电电池），它主要依靠锂离子在正极和负极之间移动来工作。在充放电过程中，锂离子在两个电极之间往返嵌入和脱嵌：充电时，锂离子从正极脱嵌，经过电解质嵌入负极，负极处于富锂状态；放电时则相反。

问题引导： 锂离子蓄电池的工作原理是什么？

锂离子蓄电池的工作原理如图 4-3 所示。在蓄电池充电时，锂离子从正极脱出，经过电解质嵌入负极；蓄电池放电时，锂离子则从负极脱出，经过电解质再嵌入正极。

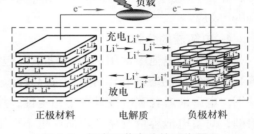

图 4-3 锂离子蓄电池的工作原理

蓄电池的充放电过程实际上是锂离子在两电极之间来回嵌入和脱出的过程，故锂离子蓄电池也称为"摇椅式电池"。锂离子蓄电池一般是使用锂合金金属氧化物为正极材料、石墨为负极材料、使用非水电解质的蓄电池。

正极上发生的反应为：

$$LiMO_2 \underset{放电}{\overset{充电}{\rightleftharpoons}} Li_{(1-x)}MO_2 + xLi^+ + xe^-$$

负极上发生的反应为：

$$nC + xLi^+ + xe^- \underset{放电}{\overset{充电}{\rightleftharpoons}} LixC_n$$

蓄电池总反应：

$$LiMO_2 + nC \underset{放电}{\overset{充电}{\rightleftharpoons}} Li_{(1-x)}MO_2 + Li_xC_n$$

式中，M 代表 Co、Ni、Fe、W 等。

锂离子蓄电池的失效机理如下：

理想的锂离子蓄电池，除了锂离子在正负极之间嵌入和脱出外，其他副反应不出现锂离子的不可逆消耗。实际上，在锂离子蓄电池中每刻都有副反应存在，也有活性物质不可逆的消耗，如电解液分解、活性物质溶解、金属锂沉积等，只不过程度不同而已。实际蓄电池系统的每次循环，任何能够产生或消耗锂离子或电子的副反应，都可能导致蓄电池容量平衡的改变。一旦蓄电池的容量平衡发生改变，这种改变就是不可逆的，并且可以通过多次循环进行累积，对蓄电池性能产生严重影响。造成锂离子蓄电池容量衰退的原因主要有以下几点：

1. 过充电

在过充电情况下，各种类型的锂离子蓄电池都有较大的容量衰减。过充电引起的容量损失可分为：焦炭或石墨负极的过充电反应；正极过充电反应；过充电时电解液的氧化反应。

这些副反应会导致活性物质和电解液的消耗，从而导致蓄电池容量下降。

2. 正极材料的溶解

以 $LiMn_2O_4$ 为例，Mn 的溶解是引起 $LiMn_2O_4$ 可逆容量衰减的主要原因。Mn 的溶解沉积造成正极活性物质减少，溶解的 Mn 游离到负极时会造成负极界面膜的不稳定，被破坏的界面膜再形成时会消耗锂离子，造成锂离子的减少。虽然 Mn 的溶解是 $LiMn_2O_4$ 锂离子蓄电池容量衰减的原因，但是对于 Mn 的溶解机理却存在多种不同的解释。

3. 正极材料的相变化

一般认为，锂离子的正常脱嵌反应总是伴随着宿主结构摩尔体积的变化，引起结构的膨胀与收缩，导致氧八面体偏离球对称性并成为变形的八面体构型，这种现象称为 Jahn – Teller 效应。在 $LiMn_2O_4$ 锂离子蓄电池中，Jahn – Teller 效应所导致的结构不可逆转变，也是容量衰减的主要原因之一。Jahn – Teller 效应多发生在过放电阶段。在起始材料中加入过量的锂，掺杂镍、钴、铝等阳离子或者硫等阴离子可以有效地抑制 Jahn – Teller 效应。

4. 电解液的分解

锂离子蓄电池中常用的电解液主要包括由各种有机碳酸酯（如 PC、EC、DMC、DEC 等）混合制成的溶剂和由锂盐（如 $LiPF_6$、$LiClO_4$、$LiAsF_6$ 等）制成的电解质。在充电的条件下，电解液对含碳电极具有不稳定性，故会发生还原反应。电解液还原消耗了电解质及其溶剂，对蓄电池容量及循环寿命产生不良影响。

5. 自放电

锂离子蓄电池的自放电所导致的容量损失大部分是可逆的，只有一小部分是不可逆的。造成不可逆自放电的原因主要有锂离子的损失（形成不可溶的 Li_2CO_3 等物质）和电解液氧化产物堵塞电极微孔造成内阻增大等。

6. 界面膜的形成

因界面膜的形成而损失的锂离子将改变两极间容量的平衡，在最初的几次循环中就会使蓄电池的容量下降。另外，界面膜的形成使得部分石墨粒子和整个电极发生隔离而失去活性，也会造成容量的损失。

7. 集流体

锂离子蓄电池中的集流体材料常用铜和铝，两者都容易发生腐蚀，集流体的腐蚀会导致蓄电池内阻增加，从而造成容量损失。

学习任务 3   锂离子蓄电池的性能及应用

知识准备：

锂离子动力蓄电池可以使用在便携式设备、卫星、储备电源、电动汽车等各种领域，具有广阔的前景和潜力。

问题引导： 锂离子蓄电池的优点、缺点和应用有哪些？

一、锂离子蓄电池

1. 锂离子蓄电池的优越性能

1）单体蓄电池工作电压高达 3.7V，是镍氢蓄电池的 3 倍，铅酸蓄电池的 2 倍。

2）比能量高达 150W·h/kg，是镍氢蓄电池的 2 倍，铅酸蓄电池的 4 倍。因此相同能量情况下重量是铅酸蓄电池的 1/4。

3）能量密度高达到 400W·h/L，相同能量情况下体积是铅酸蓄电池的 1/3～1/2。

4）循环寿命长，循环次数可达 1000～2000 次。

5）自放电率低，每月不到 10%。

6）无记忆效应，充电前不必像镍镉蓄电池一样需要完全放电，可以随时随地进行充电。深度放电对蓄电池寿命的影响不大，放电深度可达 95%。

2. 锂离子蓄电池的不足

1）成本高。主要是正极材料 $LiCoO_2$ 的价格高，按单位 W·h 的价格来计算，低于镍氢蓄电池，与镍镉蓄电池持平，但高于铅酸蓄电池。

2）必须有特殊的保护电路，以防止过充电。

3. 锂离子蓄电池的应用

1）日产聆风。聆风是日产推出的纯电力驱动零排放汽车，它由层叠式紧凑型锂离子蓄电池驱动（图 4-4）。

图 4-4　日产聆风用锂离子蓄电池　　　　　　　认知动力蓄电池

日产聆风 e + 车型在 2019 年 1 月份的国际消费类电子产品展览会（International Consumer Electronics Show，CES）亮相，新车换装一块 62kW·h 的动力蓄电池，续航里程提升至 364km。

除了动力蓄电池升级之外，聆风 e + 换装了一台额定功率 160kW 的电机，峰值转矩达到 340N·m，相比现款车型 110kW 和 320N·m 的动力水平提升了不少。根据日产的计划，聆风 e + 在 2019 年将陆续在日本、美国和欧洲推出。

2）现代 Blue On。现代 Blue On 电动汽车应用了高能聚合物锂离子蓄电池（图 4-5），容量达到 16.4kW·h。聚合物锂离子蓄电池是在液态锂离子蓄电池基础上发展来的新一代高比能量电池。聚合物锂离子蓄电池在与液态锂离子蓄电池相同容量的情况下，具有体积更小、质量更小、工作范围更广、寿命更长等优点，更重要的是其电解液为固态或凝固状，不会出现液态电池电解液泄漏所造成的危险。

图 4-5　现代 Blue On 电动汽车

3）奔驰 S400 Hybrid。奔驰 S400 Hybrid 是奔驰第一款采用锂离子蓄电池的大规模量产车型。它一共由 35 个单体蓄电池组成，每个单体蓄电池可以提供 19kW 的输出功率，体积不大，可以直接放置在发动机舱里，图 4-6 所示为奔驰 S400 Hybrid 及电池。

图 4-6　奔驰 S400 Hybrid 及电池

二、锂离子蓄电池的安全性认证

目前，UL（Underwriter Laboratories Inc.）是世界上最权威的第三方认证机构，如果通过了 UL 关于锂离子蓄电池的一系列实验，就会得到全世界电动车厂商的认可。在钴酸锂、锰酸锂和磷酸铁锂蓄电池中，磷酸铁锂材料耐过充电、过热的性能是最好的，所以不易燃烧和爆炸。

【知识拓展】我国石墨负极材料的发展

我国对于石墨负极材料的研究起步相对国外较晚，1997 年鞍山热能研究院成功研发出 MCMB，并实现了吨级量产。随后在 1999 年鞍山热能研究院和上海杉杉科技股份有限公司签署合作协议，进一步提升了 MCMB 的产能，至此国内 MCMB 依靠进口的局面被打破。2005 年上海杉杉科技股份有限公司成功开发出人造石墨新品 FSN－1，标志着石墨负极的发展更上一层楼。从 2013 年至今，贝特瑞新材料集团股份有限公司的石墨负极材料出货量一直稳居全球第一。2012 年成立的江西紫宸科技有限公司，主要致力于人造石墨的研发和产业化，和上海杉杉科技股份有限公司在人造石墨市场并驾齐驱。

学习情境五

超级电容器

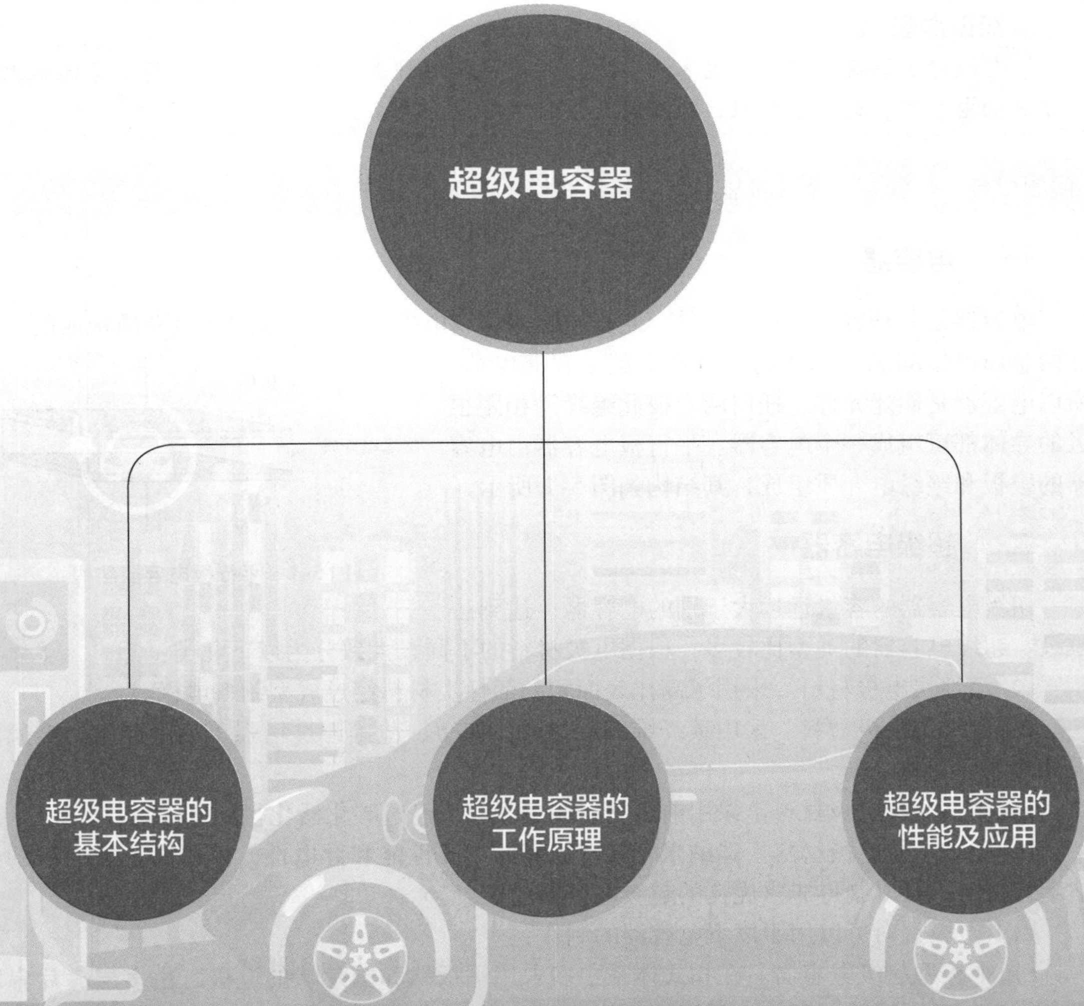

超级电容器

超级电容器的
基本结构

超级电容器的
工作原理

超级电容器的
性能及应用

05

学习任务 1 超级电容器的基本结构

知识准备：

超级电容器又称电化学电容器。因为相对于其他种类的电容器来说，其容量远远大于别的电容器，达到法拉级，又可称为法拉电容器。

问题引导1： 超级电容器的基本结构是什么样子的呢？

一、电容器

电容器是一种容纳电荷的元件。它是由两块金属电极之间夹一层绝缘电介质构成的。当在两金属电极间加上电压时，电极上就会存储电荷，所以电容器是储能元件。任何两个彼此绝缘又相距很近的导体都可组成一个电容器。平行板电容器由电容器的极板和绝缘电介质组成，其结构如图5-1所示。

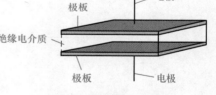

二、超级电容器

图 5-1 平行板电容器结构

超级电容器的容量远远大于别的电容器，达到法拉级。超级电容器的类型比较多，根据电极材料的不同，大致分为以下几类：

1）活性炭电极材料。采用了高比表面积的活性炭材料经过成型制备电极。

2）碳纤维电极材料。采用碳纤维成形材料，如布、毡等经过增强，喷涂或熔融金属增强其导电性制备电极。

3）碳气凝胶电极材料。采用前驱材料制备凝胶，经过碳化活化得到电极材料。

4）碳纳米管电极材料。碳纳米管具有极好的中孔性能和导电性，采用高比表面积的碳纳米管材料，可以制得非常优良的超级电容器电极。

以上电极材料可以用于以下电容器的制作：

1）平板型超级电容器。在扣式体系中多采用平板状和圆片状的电极，由多层叠片串联组合而成的高压超级电容器，可以达到300V以上的工作电压。

2）绕卷型溶剂电容器。采用电极材料涂覆在集流体上，经过绕制得到，这类电容器通常具有更大的容量和更高的功率密度。

所有超级电容器的共性是它们都包含一个正极和一个负极，以及这两个电极之间的隔膜，电解液填补在两个电极和隔膜分离出的两个孔隙中。

总之，超级电容器主要是由高比表面积的多孔电极材料、集流体、多孔性电池隔膜及电解液组成。超级电容器的电极材料与集流体之间要紧密相连，以减小接触电阻；隔膜应满足具有尽可能高的离子电导和尽可能低的电子电导的条件，一般为纤维结构的电子绝缘材料，如聚丙烯膜。电解质的类型根据电极材料的性质进行选择。一般电解质分为水性电解质和有机电解质。

学习任务 2　超级电容器的工作原理

知识准备：

根据储能机理和工作原理不同，我们将超级电容器分为不同的两类：法拉第准电容器和双电层电容器。

问题引导 1：超级电容器是如何工作的呢？

一、 电容器工作原理

电容器是一种储能元件，由两块金属极板和夹层的绝缘电介质构成，其基本结构和符号如图 5-2 所示。

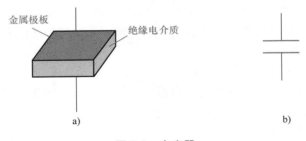

金属极板　　　绝缘电介质

a)　　　　　　　　　　　　b)

图 5-2　电容器

a）电容器基本结构　b）电容器符号

1. 充电过程

图 5-3 所示为电容器充电过程，电荷的移动形成电流，刚开始时，电流最大，之后逐渐减小；而电容器的带电量在电荷移动开始时最小，在电荷移动过程中，带电量逐渐增加，两金属极板间电压逐渐增大，当其增大至与电源电压相等时，充电完毕，电流减小到零。

2. 放电过程

电荷在电路中移动形成电流，在放电过程刚开始时，电流最大，之后逐渐减小；电容器的带电量在放电过程开始时最大，之后也逐渐减少，当带电量减小为零时，放电完毕，电流减小为零。

电容器充电完毕后，电路中没有电流流过，因此电容器可起到隔直流的作用，在直流电路中，可将其看作开路。图 5-4 所示为电容器放电过程。

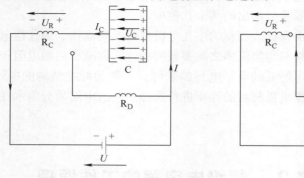

图 5-3　电容器充电过程　　　　　图 5-4　电容器放电过程

二、 超级电容器工作原理

根据储能机理的不同，超级电容器的工作原理也不同，我们将超级电容器分为不同的两类：拉第法准电容器和双电层电容器。

1. 法拉第准电容器

法拉第准电容器是在电极表面和近表面或体相中的二维或准二维空间上，电活性物质进行欠电位沉积，发生高度可逆的化学吸脱附和氧化还原反应，产生与电极充电电位有关的电容器。

法拉第准电容器储存电荷的过程不仅包括双电层上的存储，还包括电解液离子与电极活性物质发生的氧化还原反应。

这些进入氧化物中的离子在放电时又会通过以上氧化还原反应的逆反应重新返回到电解液中，同时所存储的电荷通过外电路而释放出来，这就是法拉第准电容器的充放电机理。图 5-5 所示为法拉第准电容器。

2. 双电层电容器

超级电容器另一种类型就是双电层电容器，其结构框图如图 5-6 所示。

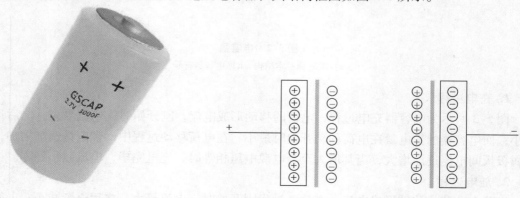

图 5-5　法拉第准电容器　　　　　图 5-6　双电层电容器结构框图

与普通电容器一样，当外加电压加到双电层电容器的两个极板上时，超级电容器极板的正电极存储正电荷，负极板存储负电荷，在两极板上电荷产生的电场作用下，电解液与电极间的界面上形成相反的电荷，以平衡电解液的内电场，这种正电荷与负电荷在两个不同相之间的接触面上以极短间隙排列在相反的位置上，这个电荷分布层称为双电层，因此电容量非常大。当两极板间电动势低于电解液的氧化还原电极电位时，电解液界面上的电荷不会脱离电解液，超级电容器为正常工作状态（通常为3V以下），如电容器两端电压超过电解液的氧化还原电极电位，电解液将分解，为非正常状态。随着超级电容器放电，正、负极板上的电荷被外电路泄放，电解液界面上的电荷相应减少。由此可以看出超级电容器的充放电过程始终是物理过程，没有化学反应，因此其性能是稳定的，与利用化学反应的蓄电池是不同的。

超级电容器的结构及工作原理使其具有如下特点：

1）电容量大。一般双电层电容器的电容量很容易超过1F，它的出现使电容器的电容量范围跃升了3～4个数量级，目前单体超级电容器的最大电容量可达5000F以上。

2）充放电寿命很长，可达500000次，或50000h，而蓄电池的充放电寿命很难超过2000次。

3）可以提供很高的放电电流。如2700F的超级电容器额定放电电流不低于950A，放电峰值电流可达1680A，一般蓄电池通常不能有如此高的放电电流，一些高放电电流的蓄电池在如此高的放电电流下的使用寿命将大大缩短。

学习任务3　超级电容器的性能及应用

知识准备：

超级电容器与铅酸、镍氢和锂离子蓄电池相比，在自放电、能量密度和能量成本方面显现不足，但在效率、快充特性、温度范围、安全性、功率成本、功率密度、使用寿命方面，超级电容器有着其他电池不可超越的优势。

问题引导1：超级电容器有哪些应用呢？

一、 超级电容器的性能

1. 基本参数

1）电压。指的是允许充电的最高电压，这是由材料特性决定的。充电电压长时间超过标准值可能引起超级电容器失效。

2）电容量。额定电压下的超级电容器的电容量，通常用法拉（F）来表示，电压越低，电容量越小，两者成正比关系。

3）漏电流。指的是浮充状态下的稳定电流。超级电容器的电容量越大，其漏电流越大。

4）寿命。超级电容器在正常使用条件下的寿命远远高于可充电电池，通常情况下为十万次以上。

5）温度。超级电容器使用的温度范围是 −20~70℃。此点性能不如微法级电容。

6）自放电。法拉第准电容都有自放电现象，自放电率要高于蓄电池。

2. 基本特性

超级电容器是一种无污染的新型储能装置，寿命超长（1 万~50 万次）、安全可靠、储能巨大，是一种理想的储能装置，具体特性如下：

1）高循环寿命。循环寿命可达 50 万次以上，一般可使用 10 年，远超蓄电池理论上的循环次数 2000~5000 次。

2）快速充电特性。由于不存在电能转化为化学能的化学反应，充电 10s~10min 即可达到其额定容量的 95% 以上。

3）高比功率特性。具有优越的动力特性，比功率可达 300~5000W/kg，相当于蓄电池的 5~10 倍，能较好地满足车辆在起动、加速、爬坡时对瞬间大功率的要求。

4）大电流放电能力超强，过程损失小。大电流是蓄电池的几十倍。

5）超低温特性好。温度范围为 −40~70℃；而一般蓄电池是 −20~60℃；

6）无污染，安全可靠。超级电容器是绿色能源（活性炭），不污染环境，是理想的绿色环保电源。

7）全寿命免维护。超级电容器采用全密封结构，没有液体挥发，在全寿命使用过程中不需要维护。

8）相对成本低。超级电容器价格虽是铅酸蓄电池的 2 倍，但寿命是铅酸蓄电池的 10 倍。

9）无放电平台。电容无放电平台，电压随放电时间线性下降，这点与蓄电池不同。

二、 超级电容器的应用

超级电容器产品由于其具有的特殊优点，而在全球需求量迅速扩大，已成为电源领域内新的产业亮点，应用前景非常广阔。它的应用领域涉及运输业、风能、储能和工业用不间断电源等各个领域，不仅从根本上改变了电动车在交通运输中的地位，也将改进风能、太阳能等间歇性能源的利用，在满足人们对能源需求的同时，减少了对石油的依赖。

此外，超级电容器还在包括税控机、数码相机、掌上电脑等小电流供电的消费性电子产品及众多领域有着巨大的应用价值和发展潜力，被世界各国广泛关注，行业前景可期。

首先是纯电动汽车领域的应用。在上海世博会期间，某公司研制出的一款去掉"辫子"的超级电容器纯电动汽车成为上海世博会零排放公交车。这款公交车每隔 2~3km 就会在指定的充电站（兼具公交车站功能）进行充电，仅需几分钟时间，就可完成充电任务（图5-7）。

图 5-7 世博会上零排放的超级电容器公交车

超级电容器公交车的充电方式灵活多样，例如可以从制动系统中获取能量，这类公交车使用的电力比无轨电车少 40%，能耗仅为燃油汽车的 1/3。

超级电容器还应用在混合动力汽车上。混合动力汽车采用多能源系统提供动力，以燃油发动机作为主要动力，以二次电源作为辅助动力。混合动力汽车最大的优点就是在加速或爬坡时，可从蓄电池和超级电容器组成的能量储存系统中吸取电力；当车辆的动力需求较低时，该能量储存系统被充电。这样不仅增加了能量利用效率，而且车辆能够通过再生制动，在减速时重新回收能量，加速时再输出，既节省了燃油又减少了污染。混合动力汽车能节省燃油 30% ~ 50%，减少污染 70% ~ 90%。将蓄电池与超级电容器结合起来，他们的优点可以互补，成为一个极佳的储能系统。超级电容器还可用于货车低温起动，在中型和重型货车、陆上和地下的军事用车上，超级电容器在大电流以及高低温条件下工作，都会有很长的寿命。图 5-8 所示为超级电容器混合动力汽车。

图 5-8　超级电容器混合动力汽车

此外，超级电容器与蓄电池并联使用，可以提高机动车的低温起动性能，对于提高汽车在寒冷天气的起动性能（更高的起动转矩）具有非常重要的意义。通常在 -20℃ 时，机动车由于蓄电池的性能大大下降，很可能不能正常起动或需要多次起动才能成功，而超级电容器在 -40℃ 与蓄电池并联时，仅需一次点火，其耐低温性能优点非常明显。

在城市轨道交通中，车辆的制动方式为电制动（再生制动）加空气制动，在运行中以电制动为主，空气制动为辅。运行中的列车由于站与站之间的距离较短，列车起动、制动频繁，制动能量相当可观。轨道车辆制动时，回收的制动能量存储于超级电容器中，当车辆再加速时，超级电容器将这些能量释放出来，可节省 30% 的能量。

在航空航天领域中，超级电容器也得到了很广泛的应用。比如飞机在打开舱门时，需要特别强的爆发动力，在地面上，正常操作和紧急操作时，舱门必须被打开；在飞行时，舱门必须被关上并锁紧；在滑道时，必须在紧急情况和必要的时候膨胀。而超级电容可以满足这些要求，例如它在为飞机打开舱门时提供爆发动力，使用寿命可达 25 年，140000 飞行小时。

混合动力叉车及电动叉车大都采用超级电容器作为驱动传动机构，传送和接收峰值功率并进行能量回收，节省了燃料，实现了更长的工作时间。图 5-9 所示为混合动力叉车及电动叉车。

应用超级电容器的轮胎式集装箱起重机，利用大容量超级电容器，可以短周期、大电流充电和放电，在起动时能迅速大电流放电；下降时能迅速大电流充电，将能量吸收，起到节能环保的作用。图 5-10 所示为应用超级电容器的轮胎式集装箱起重机。

图 5-9　混合动力叉车及电动叉车

图 5-10　应用超级电容器的轮胎式集装箱起重机

【知识拓展】超级电容器电极材料

超级电容器因其较高的功率密度、良好的循环稳定性、快速的充放电特性，以及对环境温度无苛刻要求、绿色环保等优点成为最有前途的电化学器件之一。

尽管超级电容器具有不同的储能原理，但各种电容器的性能都取决于电极材料的特性。比电容、循环稳定性、倍率特性等是衡量电极材料性能优劣的主要指标。

电极材料作为决定超级电容器性能的关键因素得到广泛研究。超级电容器电极材料主要有双电层型材料、赝电容型材料、混合电容型材料、电池型材料以及一些新型电极材料。

学习情境六

飞轮储能装置

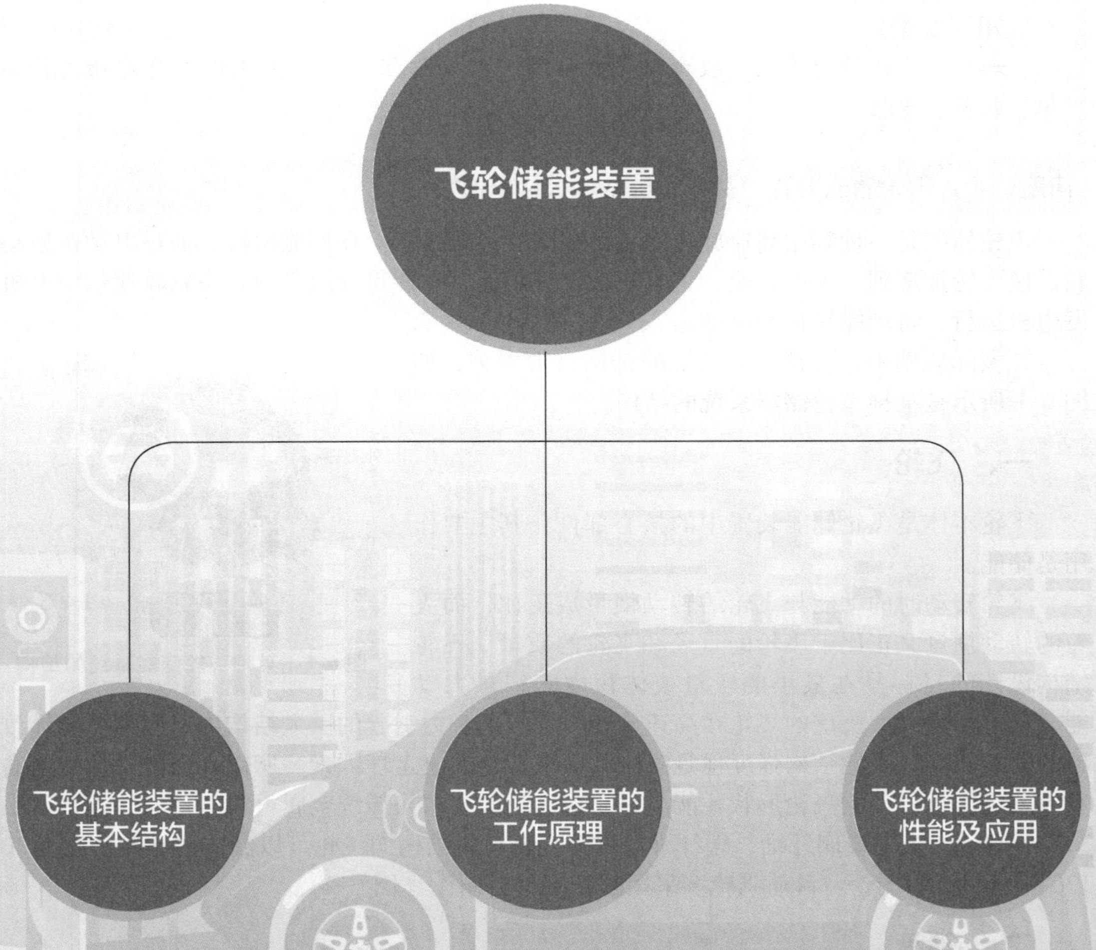

飞轮储能装置

飞轮储能装置的
基本结构

飞轮储能装置的
工作原理

飞轮储能装置的
性能及应用

学习目标:

1. 初步了解飞轮储能装置的基本结构。
2. 初步了解飞轮储能装置的工作原理。
3. 初步了解飞轮储能装置的性能及应用。
4. 培养学生的识图和资料理解能力。
5. 培养学生的理解能力和综合分析能力。
6. 培养学生的安全意识及环保意识,提升职业素养。

学习任务1　飞轮储能装置的基本结构

知识准备:

典型的飞轮储能装置一般由三大主体及一些辅件组成。三大主体主要是指飞轮本体、轴承、电机。

问题引导: 飞轮储能装置的基本结构是什么样子的?

飞轮储能是一种利用高速旋转的飞轮存储能量的技术。在储能阶段,通过电动机拖动飞轮,使飞轮加速到一定的转速,将电能转化为动能;在能量释放阶段,飞轮减速带动电机作发电机运行,将动能转化为电能。

在实际应用中,飞轮储能系统的结构有很多种,如图6-1所示是某种飞轮储能系统的结构。

一、飞轮

飞轮本体是飞轮储能装置中的核心部件,其主要作用是储能。

飞轮转动时的动能与飞轮的转动惯量成正比,而飞轮的转动惯量又正比于飞轮的直径和飞轮的质量。飞轮结构设计的目标是在最小的质量或体积内获得最大动

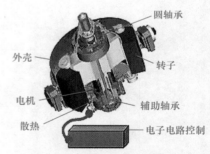

图6-1　某种飞轮储能系统的结构

能,当过于庞大、沉重的飞轮在高速旋转时,因离心力引起的巨大结构内部应力可能导致材料的断裂破坏,因此结构强度也是限制其提高转速的决定性因素。所以高强度、低密度的材料以及经优化设计的飞轮形状才能满足高速飞轮的要求。传统金属材料飞轮的储能密度小于 $30W \cdot h/kg$,采用玻璃纤维、碳纤维等增强复合材料结构的飞轮可以制造出储能密度为 $80 \sim 120W \cdot h/kg$ 的飞轮。目前飞轮多采用碳纤维材料制作(图6-2)。

二、轴承

轴承是使飞轮绕中心轴旋转的约束部件,支承飞轮转子运动。轴承系统的性能直接影响

飞轮储能系统的可靠性、效率和寿命。飞轮能耗主要来自轴承摩擦和空气阻力。人们曾通过改变轴承结构，如变滑动轴承为滚动轴承、液体动压轴承、气体动压轴承等来减小轴承摩擦力，通过抽真空的办法来减小空气阻力，轴承摩擦系数已达到 0.001，但飞轮所储的能量在一天之内仍有 25% 被损失，仍不能满足高效储能的要求。因此轴承结构设计目标

图 6-2　飞轮实物图

是尽可能降低摩擦阻力，使整个装置以最小损耗运行，飞轮轴承损耗功率小于电动机功率的 3% 以下时才有工程实用价值。

飞轮先进的支承方式主要有超导磁悬浮、永磁悬浮、电磁悬浮。

1. 超导磁悬浮轴承（SMB）

超导磁悬浮轴承由永磁体与超导体组成，超导体多采用高温超导体，如钇钡铜氧超导体，当超导体处于超导态时，具有抗磁性和磁通钉扎性。SMB 就是利用抗磁性提供静态磁悬浮力，利用磁通钉扎性提供稳定力，从而实现稳定悬浮。为大功率、短期应用而设计的飞轮系统，通过飞轮绕轴旋转将动能存储起来，如同动能电池，因而可取代铅酸蓄电池。配备非接触式磁悬浮轴承的高速永磁电机，运转中 100% 悬浮，使得转子轮毂在转动时脱离所有金属接触，排除了轴承磨损，无须轴承润滑油或润滑脂，也无须维护，因此，在整个飞轮使用期间都无须更换轴承。与传统蓄电池组不同，飞轮在其 20 年使用周期中，即使进行无数次高速充放电，损耗也很小。

处于超导态的超导体有迈斯纳效应，在磁场中呈现完全抗磁性。当永磁体接近超导体时，超导体内部产生感应电流，感应电流产生的磁场与外磁场方向相反，由此产生超导体和永磁体间的斥力，使超导体或永磁体稳定在悬浮状态。超导体的磁化强度取决于超导材料的微观晶体结构。有明显磁通钉扎性的钇钡铜氧超导体所产生的磁悬浮力有黏滞行为，它一方面表现为刚度，另一方面也带来阻尼。由于磁场的不均匀性，转子自转时，定子和转子之间的磁性相互作用会产生摩擦阻力。SMB 的能量损耗主要包括磁滞损耗、涡流损耗和风损，由于无机械接触，SMB 的总能耗很小，但低温液氮的获取和维持需要消耗一定的能量。由于旋转体为永磁材料，受强度限制，转速不能太高，一般不超 30000r/min。SMB 具有自稳定性好、能耗小、承载力高等优点，可以用作储能飞轮系统的支承，提高系统的稳定性和储能效率。图 6-3 所示为超导抗磁性图解，图 6-4 所示为超导磁悬浮轴承。

2. 永磁悬浮轴承

永磁悬浮轴承通常由一对或多对磁环成径向或轴向排列而成，其中也可以加入软磁材料。利用磁环间吸力或斥力，可做径向轴承，也可用做抵消转子重力的卸载轴承。随着永磁材料的快速发展，永磁悬浮轴承的承载力迅速增加。但是只用永磁悬浮轴承不可能实现稳定悬浮，需要至少在一个方向上引入外力（如电磁力、机械力等）。永磁体要实现高速旋转，需要减小径向尺寸或者以导磁钢环代替永磁环。

3. 电磁悬浮轴承（AMB）

电磁悬浮轴承采用反馈控制技术，根据转子的位置调节电磁铁的励磁电流，以调节对转

子的电磁吸力，从而将转子控制在合适的位置上。电磁悬浮轴承能在径向和轴向对主轴进行定位，使飞轮运转的稳定性和安全性得到一定的提高，电磁悬浮轴承的突出优点是可超高速运行（30000～60000r/min）。

图 6-3　超导抗磁性图解

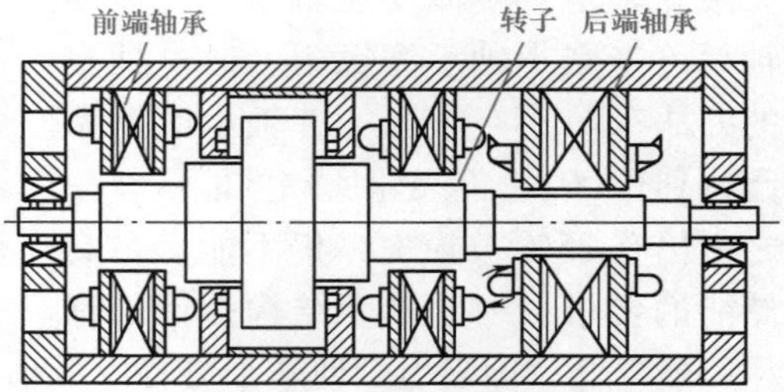

图 6-4　超导磁悬浮轴承

机械轴承、超导磁悬浮轴承、永磁悬浮轴承、电磁悬浮轴承支承方式各有优缺点，因此，在实际应用中常将几种支承方式组合使用。

三、电机

飞轮储能装置中的内置电机是一个集成部件，它既是电动机也是发电机，充当能量转换部件。在充电时，它作为电动机给飞轮加速；在放电时，它又作为发电机给外设供电，此时飞轮的转速不断下降；而当飞轮空闲运转时，整个装置则以最小损耗运行。

作为飞轮储能装置的高速电机，应尽可能同时具有以下特点：

1）较大的转矩和输出功率。

2）较长的稳定使用寿命。

3）空载损耗极低。

4）能量转换效率高。

5）能适应大范围的速度变化。

对于飞轮储能装置，有三种电机可供选择：感应电机，磁阻电机，永磁电机。现多采用永磁电机，永磁电机分为两种，一种是反电动势为正弦波的永磁同步电机，另一种是反电动势为方波的直流无刷电机，国内外研究机构或单位一般采用无刷直流电机，同正弦电机相比，其出力大，驱动简单。

四、辅件

辅件主要包括真空系统、冷却系统以及状态检测系统。真空系统包括真空泵、真空室（即外壳）和密封件，其主要作用：1）提供真空环境，降低风损、提高效率；2）屏蔽事故。保持高密封性能的真空只需要真空泵间歇工作。在飞轮储能电源系统中有很多发热因素，主要有电机损耗、飞轮风损及轴承损耗，需要冷却系统进行散热处理，常用的冷却方式有循环水冷、风冷和散热器冷却。状态检测对飞轮机械电池的安全可靠运行具有重要意义，可利用各类传感器和检测仪器对飞轮充放电运行状态变化、飞轮轴承振动，控制系统的电流和电压、飞轮电机的温度进行监测。图 6-5 所示为真空系统。

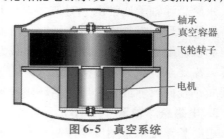

图 6-5　真空系统

06

学习任务 2　飞轮储能装置的工作原理

知识准备：

典型的飞轮储能装置包括三个核心部分：飞轮本体、轴承、电机。飞轮储能装置类似于化学电池，有"充电"和"放电"两种工作模式。

问题引导： 飞轮储能装置是如何工作的呢？

一、　基本工作原理

飞轮储能装置包括三个核心部分：飞轮、电机和轴承。它最基本的工作原理就是，电力电子变换装置从外部输入电能驱动电动机旋转，电动机带动飞轮旋转，飞轮储存动能（机械能）。当外部负载需要能量时，飞轮带动发电机旋转，将动能转化为电能，再通过电力电子变换装置输出负载所需要的各种频率、电压等级的电能，以满足不同的需求。由于输入、输出是彼此独立的，设计时常将电动机和发电机用一台电机来实现，输入输出变换器也合并成一个，这样就可以大大减少系统的尺寸和质量。

二、　具体工作过程

飞轮储能装置类似于蓄电池，有两种工作模式。

1. "充电"模式

当飞轮储能装置充电器插头插入外部电源插座时，打开起动开关，电动机开始运转，吸收电能，使飞轮转子速度提升，直至达到额定转速时，由电机控制器切断与外界电源的连接。在整个充电过程中，电机作电动机用。

2. "放电"模式

当飞轮储能装置外接负载设备时，发电机开始工作，向外供电，飞轮转速下降，直至下降到最低转速时，由电机控制器停止放电。在放电过程中，电机作发电机用。

这两种工作模式全部由电机控制器负责完成。图 6-6 所示为飞轮储能系统的工作原理简图。

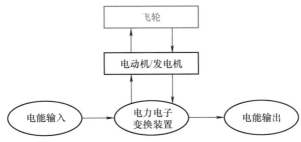

图 6-6　飞轮储能系统的工作原理简图

学习任务 3　飞轮储能装置的性能及应用

知识准备:

飞轮储能装置兼顾了化学电池、燃料电池和超导电池等的诸多优点,在一些需大型储能装置的场合,飞轮储能装置已得到逐步应用。

问题引导:飞轮储能装置有哪些应用呢?

1. 飞轮储能装置的优点

飞轮储能装置兼顾了化学电池、燃料电池和超导电池等的诸多优点,主要有比能量高、能量转换效率高、体积小、质量小、工作温度范围宽、使用寿命长、低损耗、低维护等(详见学习情境一)。

2. 飞轮储能装置的性能

现在广泛使用的储能电池是基于电化学原理的化学电池,它将电能转变为化学能储存,再转化为电能输出,主要优点是价格低廉、技术成熟。但存在污染严重、效率低下、充电时间长、用电时间短、使用过程中电能不易控制等缺点。

超导电池是另一种储能电池,它把电能转化为磁能储存在超导线圈的磁场中,由于超导状态下线圈没有电阻,所以能量损耗非常小、效率高、对环境污染也小。但线圈处于极低温度下才能实现超导状态,维持线圈处于超导状态所需要的低温需耗费大量能量,而且维持装置过大,不易小型化。

飞轮储能装置则兼顾了上述两者的优点,虽然近阶段的价格较高,但伴随着技术的进步,必将有一个非常广阔的前景。三种储能电池的性能见表 6-1。

表 6-1　三种储能电池的性能

性能	储能电池		
	化学电池	飞轮储能装置	超导电池
储能方式	化学能	机械能	电磁能
使用寿命	3~5 年	>20 年	≈20 年
技术	成熟	验证	验证
温度范围	限制	不限	不限
外形尺寸(同功率)	大	最小	中间
比能量	小	大	大
放电深度	浅	深	深
价格	低	高	较高
环境影响	污染	无污染	无污染

3. 飞轮储能装置的应用

由于技术发展和材料价格的限制,飞轮储能装置的价格相对较高,在小型场合还无法体现其优势。但在下列一些需大型储能装置的场合，使用化学电池的价格也非常昂贵，飞轮储能装置已得到逐步应用。

（1）太空 在人造卫星、飞船、空间站上，飞轮储能装置一次充电可以提供的功率是相同质量化学电池的两倍，同负载的使用时间是化学电池的 3 ~ 10 倍。同时，因为它的转速是可测可控的，所以可以随时查看电能的多少。美国太空总署（NASA）已在空间站安装了 48 个飞轮储能装置，一共可提供超过 150kW 的功率。和化学电池相比，据估计可节约 200 万美元左右。图 6-7 所示为月球车装有两个储能装置。

图 6-7 月球车装有两个储能装置

（2）交通运输 在火车和汽车采用内燃机和电动机混合推动时，飞轮储能装置充电快、放电完全，非常适合作为混合能量源之一。车辆在正常行驶和制动时，给飞轮储能装置充电，飞轮储能装置则在加速或爬坡时，给车辆提供动力，这样可减少燃料消耗、降低空气和噪声污染、延长发动机的使用寿命、减少维修工作。图 6-8 所示为 911 GT3 R Hybrid 油电混合动力车。

1. 电池控制器
2. 左右前轮轴电动机
3. 高压电线
4. 电控飞轮储能装置
5. 电能控制器

图 6-8 911 GT3 R Hybrid 油电混合动力车

（3）不间断电源 飞轮储能装置可提供几秒到几分钟可靠稳定的电能，这段时间足以保证工厂进行电源切换。

【知识拓展】利用飞轮储能装置提高用户用电质量

电能的"质量"是由标志其好坏的各种指标来衡量的，大多数情况下，非重要场所的供电质量完全可满足用电设备的需求。但是，经过大量实验验证，对于部分特殊的用电设备，电源的扰动会使其产生敏感的不耐扰动的特性，尤其某些电压扰动甚至会造成用电设备停止工作或非正常工作。为避免这些敏感设备在极其重要的场合出现停机或非正常的工作状态，研究机构研究了大量定制电力设备，飞轮储能设备便是其中之一，它能够给敏感设备提供稳定的供电。通过了解电能质量的基础，结合敏感的用电设备的需求，提出针对用户或设备的有关定制电力解决方案，利用飞轮储能系统给重要负荷供电。

学习情境七

燃料电池

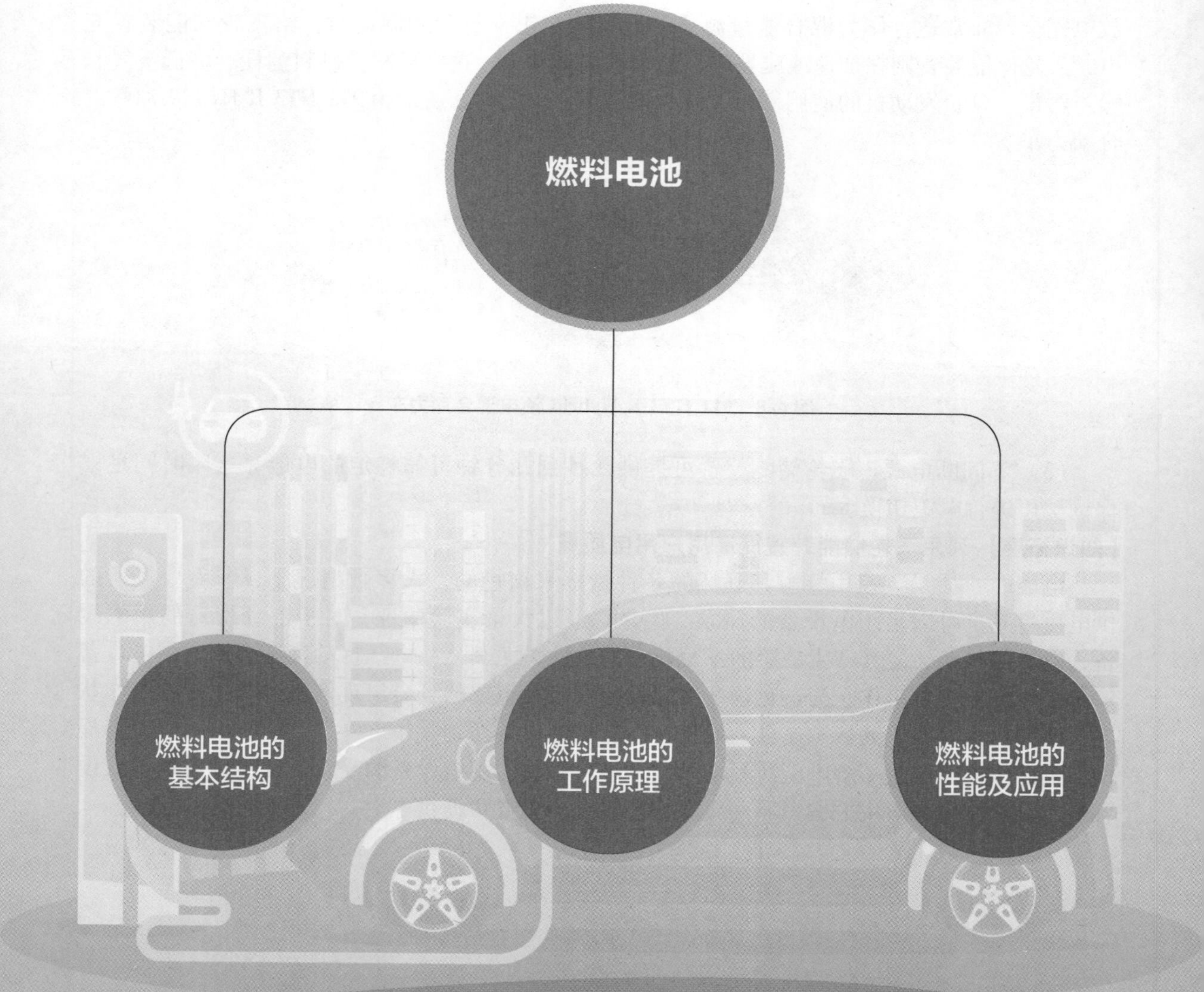

燃料电池

燃料电池的基本结构

燃料电池的工作原理

燃料电池的性能及应用

学习目标:

1. 初步了解燃料电池的基本结构。
2. 初步了解燃料电池的工作原理。
3. 初步了解燃料电池的性能及应用。
4. 培养学生的识图和资料理解能力。
5. 培养学生的理解能力和综合分析能力。
6. 培养学生的安全意识及环保意识,提升团队合作的职业素养。

学习任务 1　燃料电池的基本结构

知识准备:

燃料电池的主要构成组件包括电极、电解质隔膜与集电器(双极板)等。

问题引导 1:燃料电池的基本结构是什么样子的呢?

一、 燃料电池的组成

图 7-1 所示为燃料电池单元结构。

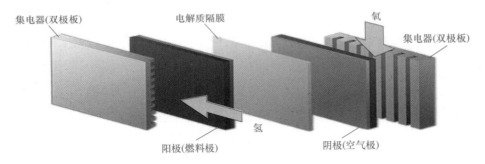

图 7-1　燃料电池单元结构

1. 电极

燃料电池的电极是燃料发生氧化反应与氧化剂发生还原反应的电化学反应场所,其性能的好坏取决于电极的材料与电极的制程等。

电极主要可分为两部分,阳极(燃料极)和阴极(空气极),其结构与一般电池的不同之处,在于燃料电池的电极为多孔结构,设计成多孔结构的主要原因是燃料电池所使用的燃料及氧化剂大多为气体(例如氧气、氢气等),而气体在电解质中的溶解度并不高,用多孔结构的电极可以增加参与反应的电极表面积,提高燃料电池的实际工作电流密度,从而提高燃料电池的化学反应效率,而此设计也是燃料电池能从理论研究阶段步入实用化阶段的关键原因之一。

2. 电解质隔膜

电解质隔膜的主要功能在分隔氧化剂与还原剂，并传导离子，故电解质隔膜越薄越好，但也需顾及强度，就现阶段的技术而言，其一般厚度在数十毫米至数百毫米。电解质隔膜材质目前主要有两个发展方向：一是先以石棉膜、碳化硅膜、铝酸锂膜等绝缘材料制成多孔隔膜，再浸入熔融锂－钾碳酸盐、氢氧化钾与磷酸中，使其附着在隔膜孔内；二是采用全氟磺酸树脂（例如质子交换膜燃料电池）及钇稳定的二氧化锆（例如固体氧化物燃料电池）。

3. 集电器

集电器又称为双极板，具有收集电流、分隔氧化剂与还原剂、疏导反应气体等功能，集电器的性能主要取决于其材料特性及其加工技术。

问题引导 2：燃料电池的分类有哪些？

二、 燃料电池的分类

根据燃料电池电解质的类型，可将其分为五种主要的燃料电池：质子交换膜燃料电池（PEMFC）、碱性燃料电池（AFC）、磷酸燃料电池（PAFC）、熔融碳酸盐燃料电池（MCFC）和固态氧化物燃料电池（SOFC）。不同燃料电池的性能特点见表7-1。

表 7-1 不同燃料电池的性能特点

燃料电池类型	质子交换膜燃料电池	碱性燃料电池	磷酸燃料电池	熔融碳酸盐燃料电池	固态氧化物燃料电池
英文简称	PEMFC	AFC	PAFC	MCFC	SOFC
电解质	质子交换膜	氢氧化钾水溶液	磷酸	碳酸钾	固体氧化物
燃料	氢、甲醇、天然气	纯氢	天然气、氢	天然气、煤气、沼气	天然气、煤气、沼气
氧化剂	空气	纯氧	空气	空气	空气
效率	43%~58%	60%~90%	37%~42%	50%	50%~65%
使用温度	60~120℃	60~120℃	160~220℃	600~1000℃	600~1000℃
功率输出	1kW	300W~5kW	200kW	2~10MW	100kW

1. 质子交换膜燃料电池

质子交换膜燃料电池采用固态聚合物膜为电解质，该聚合物膜为全氟磺酸隔膜，也称为Nafion 隔膜（美国杜邦公司的产品），是酸性的，因此迁移的离子为氢离子或质子。质子交换膜燃料电池由纯氢和作为氧化剂的氧或空气一起供给燃料。

质子交换膜被碳基催化剂所覆盖，催化剂直接与气体扩散层和电解质两者接触，以求达到最大的相互作用面。催化剂构成电极（催化剂层），其上直接为气体扩散层。电解质、催化剂层和气体扩散层的组合被称为膜片－电极组件。

在质子交换膜燃料电池中，水的管理是一个关键性问题。为了燃料电池的持续运行，质子交换膜必须保持湿润，质子交换膜中离子的导电性需要湿度。若质子交换膜过于干燥，就没有足够的酸离子去承载质子；若质子交换膜过于湿润，则气体扩散层的细孔将被阻断，反应气体则不能扩展触及催化剂。

质子交换膜燃料电池的另一个关键是其毒化问题。铂催化剂极富活性，因而提供了优异的性能，但相对于氧，其对一氧化碳和硫的生成物有更高的亲和力，因此毒化效应极大地约束了催化剂，并阻碍了扩展到其中的氢或氧。而电极反应不能在毒化部位发生，从而使燃料电池性能递减。若氢由重整装置提供，则气流中将含有一氧化碳，若吸入的空气来自于被污染城市中的大气，则一氧化碳也可从空气的气流中进入燃料电池。由一氧化碳引起的毒化效应是可逆的，但它增加了成本，且各个燃料电池需要单独处理。图 7-2 所示为质子交换膜燃料电池。

图 7-2　质子交换膜燃料电池

2. 碱性燃料电池

碱性燃料电池采用氢氧化钾（KOH）水溶液为电解液，以传导电极之间的离子。因为氢氧化钾电解液为碱性，故离子传导机理不同于质子交换膜燃料电池。被碱性电解液迁移的离子是氢氧离子（OH^-），这将对燃料电池若干其他方面产生影响。

不同于酸性燃料电池，碱性燃料电池的水是在氢电极（阳极）处生成的。此外，在阴极处的氧的还原也需要水。水的管理一般有电极防水性和电解液中保持含水量的需求两个问题。阴极反应从电解液中消耗水，而阳极反应则生成水并排出。过剩的水在燃料电池堆外汽化。

碱性燃料电池可以运行在一个宽温度（80～230℃）和压力（2.2～45 个标准大气压）范围内。高温的碱性燃料电池也可使用高浓度电解液，电解液的高浓度致使电解液从水溶剂状态转换成熔融盐状态。氢氧电解液可提供快速动力学效应，故碱性燃料电池可获得很高的效率，尤其是氧的还原反应比酸性燃料电池中氧的还原反应容易得多，因此活性损耗非常低。碱性燃料电池中的快速动力学效应使银或镍可用以替代铂作为催化剂，这样碱性燃料电池堆的成本显著下降。

碱性燃料电池最大的问题在于二氧化碳的毒化。碱性电解液对二氧化碳具有显著的化合力，他们共同作用形成碳酸离子，这些离子并不参与燃料电池反应，且会削弱燃料电池的性能。碳酸的沉积和阻塞电极也是一种可能的风险，这一问题可通过电解液的循环予以处理。使用二氧化碳除气器可从空气流中排除二氧化碳气体，但是会增加成本和电池复杂度。

图 7-3 所示为碱性燃料电池。

3. 磷酸燃料电池

磷酸燃料电池同质子交换膜燃料电池一样，依靠酸性电解液传导氢离子。其阳极和阴极反应同于质子交换膜燃料电池的反应。磷酸是一种黏滞液体，它在燃料电池中通过多孔硅碳化物基体内的毛细管作用贮存。

磷酸电解液的温度必须保持在 42℃（其冰点）

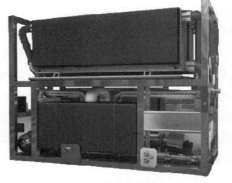

图 7-3　碱性燃料电池

以上，冻结的和正在解冻的磷酸电解液将难以使燃料电池堆激化。保持燃料电池堆在该温度之上，需要额外的设备，这就需要增加成本、复杂性、质量和体积。大多数问题就研究而言是次要的，但对实际应用（车辆应用）来说是不相容的。高温度（150℃以上）运行将导致燃料电池堆升温，伴随能量损耗，每当燃料电池起动时，一些能量（即燃料）必须消耗在加热燃料电池（直至其运行温度）上，而每当燃料电池关闭时，相应的热量（即能量）即被耗损。对于市区驾驶的短时运行，该损耗是显著的。然而在公共交通运输情况下（如公共汽车），这一问题是次要的。

磷酸燃料电池的优点是其应用了廉价的电解液及其合理的起动时间，其缺点是采用了昂贵的催化剂、酸性电解液的腐蚀性、二氧化碳的毒化和低效率。图 7-4 所示为磷酸燃料电池。

图 7-4　磷酸燃料电池

4. 熔融碳酸盐燃料电池

熔融碳酸盐燃料电池为高温燃料电池（500～800℃），它依靠熔融碳酸盐（通常为锂－钾碳酸盐或锂－钠碳酸盐）传导离子，被传导的离子是碳酸离子。熔融碳酸盐燃料电池的电极反应不同于其他的燃料电池，其主要差异在于阴极处必须供给二氧化碳。

因二氧化碳可从阳极中回收，故不需要外部的二氧化碳供应源。熔融碳酸盐燃料电池不用纯氢，而是使用碳氢化合物。高温燃料电池的主要优点是其几乎能直接地处理碳氢化合物燃料的能力，这是由于高运行温度使其在电极处能分解碳氢化合物制氢，这是应用于汽车的极大优点，使碳氢化合物燃料获得了有效应用。此外，高运行温度提高了动力学效应可采用廉价催化剂的程度。

熔融碳酸盐燃料电池的主要优点是可加注碳氢化合物燃料、低价格的催化剂，因快速动力学效应而具有的完善的效率，毒化的低敏感性等。其主要缺点是起动缓慢，因高温减少了材料的可选性，CO_2 循环的燃料电池系统的复杂性，电极的腐蚀和缓慢的功率响应。图 7-5 所示为熔融碳酸盐燃料电池。

图 7-5　熔融碳酸盐燃料电池

5. 固态氧化物燃料电池

固态氧化物燃料电池在陶瓷隔膜中高温（1000～1200℃）传导离子。通常陶瓷材料为钇稳定的二氧化锆（YSZ），它将传导氧离子，而其他陶瓷材料传导氢离子。其导电机理类似于半导体的机理，通常称具有这种导电机理的器件为固态器件，固态氧化物燃料电池因此得名。

固态氧化物燃料电池的最大优点是其电解质是静态的，没有迁移的部件（除了辅助设备中的外）。非常高的运行温度使其像熔融碳酸盐燃料电池那样，能应用碳氢化合物燃料。同时固态氧化物燃料电池不会被一氧化碳毒化，且其处理一氧化碳同处理氢一样有效。固态氧化物燃料电池的阳极反应因其高运行温度，也从降低活性损耗中获益（该损耗以欧姆损耗部分为主）。固态氧化物燃料电池可分为两类：平面型和管型。平面型固态氧化物燃料电池类似于其他燃料电池技术，为两极组合；管型固态氧化物燃料电池技术主要优点是易于密封和减少了对陶瓷材料的限制，其缺点则是效率和功率密度较低。

固态氧化物燃料电池的缺点如同熔融碳酸盐燃料电池，基本上与其高运行温度相关联（安全性、燃料经济性）。在车辆应用时，振动不可避免，陶瓷电解质和电极的脆性就成了主要的缺点，而热循环进一步使陶瓷处于受力状态，因此这一问题成为平面型固态氧化物燃料电池主要关注的问题。图7-6所示为固态氧化物燃料电池。

图 7-6　固态氧化物燃料电池

6. 直接甲醇燃料电池

甲醇是可替代氢直接地用做燃料电池的燃料，这就是通常所说的直接甲醇燃料电池。应用于车辆的直接甲醇燃料电池有一些优势，首先甲醇是一种液态燃料，在车辆的应用中，它易于储存、分配和销售，因此目前燃料供应的基本设施无须过多的再投资，即可应用；其次甲醇是最单一的有机燃料，它能最为经济和有效地从相对丰富的矿物燃料（煤和天然气）中大规模地生产；此外甲醇可从农产品中（例如甘蔗）制造。

在直接甲醇燃料电池中，其阳极和阴极采用铂或铂合金为电催化剂，电解液可以是三氟甲烷磺酸或质子交换膜。

在上述燃料电池中，直接甲醇燃料电池是尚未成熟的技术，以目前该燃料电池技术状态而论，其一般运行在50～100℃温度范围。相比于直接供氧的燃料电池，直接甲醇燃料电池功率密度低，功率响应慢，且效率低。图7-7所示为直接甲醇燃料电池。

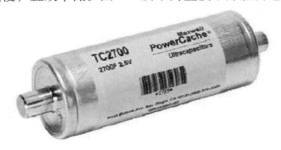

图 7-7　直接甲醇燃料电池

学习任务 2 燃料电池的工作原理

知识准备：

　　水被直流电电解生成氢气和氧气的过程被称为水的电解，而燃料电池基本原理相当于电解反应的逆反应。

问题引导： 燃料电池是如何工作的呢？

　　燃料电池借助于电化学过程，使其内部燃料的化学能直接转换为电能。燃料和氧化剂持续且独立地供给电池的两个电极，并在电极处进行反应。电解液中的离子从一个电极传导至另一电极，燃料供给阳极，在该电极处，依靠催化剂，电子从燃料中释放。在两电极间电位差作用下，电子经外电路流向阴极，在阴极处，正离子和氧结合，产生反应物或废气。图7-8所示为燃料电池基本原理。

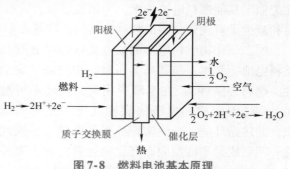

图7-8　燃料电池基本原理

　　电流通过水（H_2O）时，在阴极通过还原反应产生氢气（H_2），在阳极则通过氧化反应产生氧气（O_2），氢气生成量大约是氧气的两倍。水的电解是取代蒸汽重整制氢的下一代制备氢燃料的方法。

学习任务 3 燃料电池的性能及应用

知识准备：

　　燃料电池能将燃料的化学能直接转化为电能，期间没有其他能量形态变化，可以避免中间转换的损失，达到很高的发电效率。

问题引导： 燃料电池有哪些特点及应用呢？

一、燃料电池的特点

　　燃料电池涉及化学热力学、电化学、电催化、材料科学、电力系统及自动控制等学科的有关理论，具有发电效率高、环境污染少等优点。

　　总的来说，燃料电池具有以下特点：1）能量转化效率高，它直接将燃料的化学能转化为电能，中间不经过燃烧过程，因而不受卡诺循环的限制，燃料电池系统的燃料–电能转换效率在45%～60%，而火力发电和核电的效率在30%～40%；2）安装地点灵活，燃料电池电站面积小，建设周期短，电站功率可根据需要由电池堆组装，十分方便；3）负荷响应快，运行质量高；4）燃料电池在数秒钟内就可以从最低功率变换到额定功率。

燃料电池同时还有以下一些特点：

1）满负荷或部分负荷均能保持高发电效率。

2）不管装置规模大小均能保持高发电效率。

3）具有很强的过载能力。

4）通过与燃料供给装置的组合可以适用广泛的燃料。

5）发电出力（单位时间输出的能量）由电池堆的出力和组数决定，机组容量的自由度大。

6）电池本体的负载响应性好，用于电网调峰优于其他发电方式。

7）用天然气和煤气等为燃料时，NO_x 及 SO_x 等排出量少，环境相容性好。

因此由燃料电池构成的发电系统对电力工业具有极大的吸引力。

二、燃料电池的应用

燃料电池用途广泛，既可应用于军事、航天、发电厂领域，也可应用于机动车、移动设备、居民家庭等领域。早期燃料电池发展焦点集中在军事、航天等专业领域。目前电动汽车领域成为燃料电池应用的主要方向，市场已有多种采用燃料电池发电的电动汽车。

1. 军事上的应用

军事领域是燃料电池最主要、最适合的市场。高效、多面性、使用时间长以及宁静工作的特点极适合于军事工作对电力的需要。燃料电池可以以多种形态为绝大多数军事装置（从战场上的移动手提装备到海陆运输）提供动力。

在军事上，微型燃料电池要比普通的固体电池具有更大的优越性，其较长的使用时间就意味着在战场上无须频繁地供应备品。此外，对于燃料电池而言，添加燃料也是轻而易举的事情。

同样，燃料电池的运输效能较高，车辆可以行驶得更远。这样，战地所需的支持车辆、人员和装备的数量便可以显著减少。图7-9所示为德国海军214型燃料电池AIP潜艇。

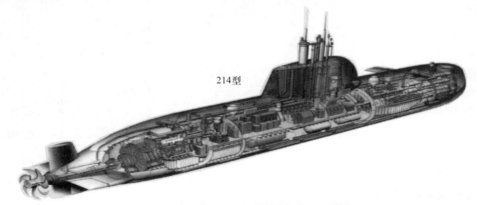

214型

图7-9 德国海军214型燃料电池AIP潜艇

2. 移动装置上的应用

伴随燃料电池的日益发展，它们逐渐成为移动电器的主要能源之一。微型燃料电池因其具有使用寿命长、质量轻和充电方便等优点，具有得天独厚的优势。图7-10所示为燃料电

07

池计算机。

富士通新型燃料电池计算机

卡西欧燃料电池计算机

图 7-10　燃料电池计算机

3. 居民家庭的应用

对于固定应用而言，燃料电池的技术难度相对简单。尽管许多燃料电池能产生 50kW 的电能，但绝大部分商业化的燃料电池目前都是用于固定的场所。现在许多燃料电池也可用于居民家庭电源（大都小于 50kW）。

低温质子交换膜燃料电池或磷酸燃料电池几乎可以满足私人家庭和小型企业的所有热电需求。目前，这些燃料电池还只有小规模应用，美国、日本和德国仅有少量的家庭用质子交换膜燃料电池提供能源。燃料电池能够为单个或几个家庭提供能源，通过设计可以满足居民对能源的所有要求：即基本负载由燃料电池供电，用电高峰时由电网供电。

4. 航天领域的应用

在 20 世纪 50 年代后期和 20 世纪 60 年代初期，美国政府为寻找保证载人航天飞行的安全可靠能源，对燃料电池的研究给予了极大的关心和资助，使燃料电池取得了长足的进步。

美国通用电气公司生产的 Grubb – Niedrach 燃料电池是 NASA 用来为其"双子星"航天项目提供动力的第一个燃料电池，也是第一次商业化使用燃料电池。之后第一次登上月球所使用的阿波罗登月飞船也使用了燃料电池。图 7-11 所示为飞船燃料电池。

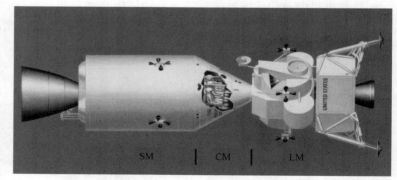

图 7-11　飞船燃料电池

5. 燃料电池电动汽车

燃料电池电动汽车是由动力蓄电池和燃料电池提供动力的电动车辆。燃料电池把氢气和氧气转化成电能，它所产生的副产品只有水和热。它摒弃了复杂的变速器等动力传动装置，4 台由燃料电池驱动的电动机直接同车轮相连推动汽车前进。图 7-12 所示为燃料电池电动汽车的基本结构及原理。

07

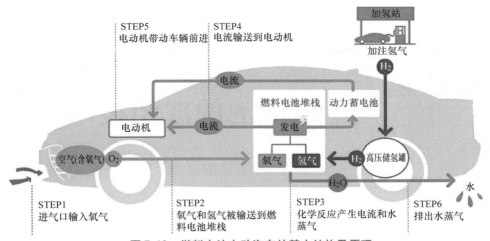

STEP5
电动机带动车辆前进

STEP4
电流输送到电动机

STEP1
进气口输入氧气

STEP2
氧气和氢气被输送到燃
料电池堆栈

STEP3
化学反应产生电流和水
蒸气

STEP6
排出水蒸气

图7-12　燃料电池电动汽车的基本结构及原理

【知识拓展】氢燃料电池客车自带电解水制氢技术探讨

现阶段氢燃料电池客车氢气的来源有两种方式：一种是加注已制出来的氢，另一种是客车自带电解水制氢装备自制氢。

氢燃料电池客车自带电解水制氢系统的基本架构如图7-13所示，主要包括电解池设备、储氢系统管路和光伏电池系统三部分。

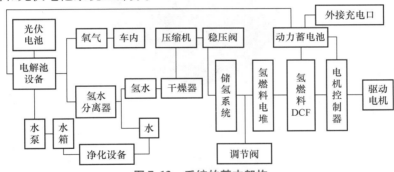

图7-13　系统的基本架构

根据整车布置原则，储氢系统管路集成安装在车顶，其布置如图7-14所示，由出氢管、供氢管和储氢系统组成。当车辆需要供氢时，氢气从储氢系统输出，经过电动调节阀和流量计将压力、流量、温度等参数调节到合适的范围，再输入到氢燃料电堆发电。

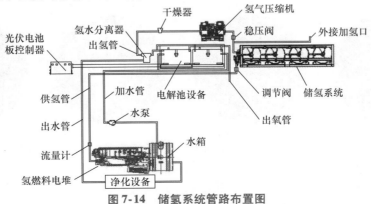

图7-14　储氢系统管路布置图

学习情境八

蓄电池的成组技术

蓄电池的成组技术

- 蓄电池的组合方式
- 蓄电池的一致性
- 蓄电池充放电特性
- 蓄电池的成组寿命

学习目标：

1. 初步了解蓄电池成组的基本概念，了解蓄电池的组合方式及其封装方式。

2. 初步了解蓄电池一致性的基本概念，理解影响蓄电池一致性的因素，了解提高蓄电池一致性的措施。

3. 初步了解蓄电池的充放电方式，理解蓄电池的充电特性，掌握蓄电池充电注意事项，了解放电率的影响因素。

4. 初步了解影响蓄电池单体、电池组寿命的因素。

5. 培养学生搜集和整理相关资料的能力，开拓学生的思维，提高学生创新意识。

学习任务1　蓄电池的组合方式

知识准备：

蓄电池组是将一个以上单体蓄电池按照串联、并联或混联方式进行组合，作为电源使用的组合体，封装方式有圆形、方形等形式。

问题引导1： 单体蓄电池和蓄电池组的区别是什么？

单体蓄电池及蓄电池组的构成逻辑关系在应用中容易出现概念的混淆，常见的概念主要有以下几种。

1）单体蓄电池（Cell）。单体蓄电池是构成蓄电池的基本元件，是直接将化学能转化为电能的基本装置和基本单元，包括电极、隔膜、电解质和外壳等。

2）蓄电池组（Battery Module）。蓄电池组由一个以上的单体蓄电池并联或串联而成，封装在一个物理上独立的蓄电池壳体内，具有独立的正极和负极输出。内燃机汽车上常用的12V或24V起动蓄电池，就是由6片或12片2V的单体铅酸蓄电池串联而成。

3）蓄电池包（Battery Pack）。蓄电池包通常包括蓄电池组、动力蓄电池管理系统、蓄电池箱等。电池组是不包含完整蓄电池管理功能的蓄电池包。

4）蓄电池系统（Battery System）。蓄电池系统是具备完善蓄电池管理系统的电能供给系统，通过蓄电池包串联或并联构成。

问题引导2： 蓄电池的组合方式有哪些呢？

单体蓄电池（图8-1）的电压和容量等参数不能满足电动汽车行驶要求时，需要将蓄电池串联组合或并联组合以获得更高的工作电压或电源容量，单体蓄电池串联或并联就形成蓄电池组。

蓄电池组构成的方式有串联、并联和同时采用串联和并联的混联三种方式。蓄电池的组合方式如图8-2所示。不同连接方式对蓄电池组的使用安全性、可靠性、一致性、寿命等有不同的影响，对蓄电池管理系统的功能也有不同的影响。

图 8-1　单体蓄电池

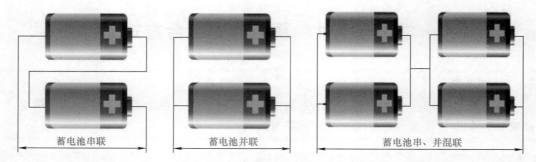

蓄电池串联　　　　蓄电池并联　　　　蓄电池串、并混联

图 8-2　蓄电池的组合方式

一、　蓄电池组组合方式的特点

　　蓄电池组分串联、并联和混联。并联的电池组要求每个蓄电池电压相同，输出的电压等于一个蓄电池的电压，并联蓄电池组（图 8-3）能提供更强的电流。串联蓄电池组（图 8-4）没有过多的要求。

图 8-3　并联蓄电池组　　　　　图 8-4　串联蓄电池组

1. 单体蓄电池的串联及其特点

　　将多个单体蓄电池串联使用的蓄电池组称为串联蓄电池组。图 8-5 所示为蓄电池组串联形式。

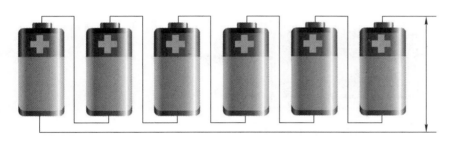

图 8-5　蓄电池组串联形式

串联蓄电池的充电

　　单体蓄电池的串联方式通常用于满足高电压的工作需求。蓄电池串联时蓄电池组电压为单体蓄电池电压总和，n 个单体蓄电池串联便能达到 n 倍单体蓄电池电压。

　　把一节蓄电池的负极和下一节蓄电池的正极相连，依次连成一串，就组成了串联蓄电池组，第一节蓄电池的正极就是蓄电池组的正极，最后一节蓄电池的负极是蓄电池组的负极。

　　设蓄电池组由 n 个电动势都是 E_0、内阻都是 r_0 的蓄电池组成，串联蓄电池组的等效电路如图 8-6 所示。

图 8-6　串联蓄电池组的等效电路

　　则蓄电池组的电动势和内阻分别为

$$E = nE_0 ;\ r = nr_0 \tag{8-1}$$

式中，E 为蓄电池组电动势；n 为串联的蓄电池数量；r 为蓄电池组内阻；r_0 为单体蓄电池内阻。

　　串联蓄电池组与外电阻 R 组成闭合电路（图 8-7），则电路中电流 I 的表达式为

$$I = \frac{nE_0}{R + nr_0} \tag{8-2}$$

　　串联蓄电池组以一定的电流放电，流经每个蓄电池的电流相同，单体蓄电池正负极发生反应的物质的量与蓄电池组的相同，因此串联蓄电池组的额定容量为单体蓄电池的额定容量，若蓄电池组中单体蓄电池的容量不均匀，则蓄电池组的额定容量取决于单体蓄电池中容量最低者（图 8-8）。

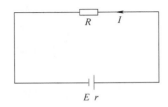

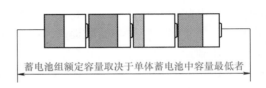

蓄电池组额定容量取决于单体蓄电池中容量最低者

图 8-7　串联蓄电池组闭合电路示意图　　　　图 8-8　串联蓄电池组额定容量

2. 单体蓄电池的并联及其特点

　　将多个蓄电池并联起来使用的蓄电池组称为并联蓄电池组。图 8-9 所示为蓄电池组并联形式。

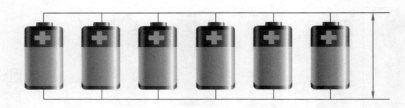

图 8-9　蓄电池组并联形式

单体蓄电池的并联方式通常用于满足大电流的工作需要。蓄电池组的容量为单体蓄电池数的总和，n 个单体蓄电池并联的蓄电池组容量为 n 倍单体蓄电池容量，如 3 个并联蓄电池的容量即为单体蓄电池的 3 倍。

把所有单体蓄电池的正极连接在一起，成为蓄电池组的正极，把所有单体蓄电池的负极连接在一起，成为蓄电池组的负极，就组成了并联蓄电池组。

把 n 个电动势都是 E_0、内阻都是 r_0 的蓄电池并联。则蓄电池组的电动势 E 和内阻 r 分别为

$$E = E_0 \, ; \ r = \frac{r_0}{n} \tag{8-3}$$

把并联蓄电池组接入外电阻为 R 的闭合电路（图 8-10），则电路中的电流为

$$I = \frac{E_0}{R + \dfrac{r_0}{n}} \tag{8-4}$$

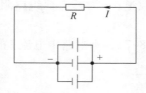

图 8-10　并联蓄电池组闭合电路示意图　　　　　并联蓄电池的放电

蓄电池组的容量为单体蓄电池的容量，若蓄电池组中单体蓄电池的电压不均匀，则蓄电池组的容量取决于单体蓄电池中容量最低者，如图 8-11 所示，该蓄电池组的单体蓄电池额定电压为 4.2V，使用过程中电压降幅程度不一样，此时该蓄电池组容量为 800mA · h。并联蓄电池组中蓄电池间互充电，当并联蓄电池组中一节蓄电池电压低时，其他蓄电池将给此蓄电池充电。低压蓄电池容量小幅度提高，高压蓄电池容量急剧下降，能量将损耗在互充电过程中而无法达到预期的对外输出效果。

n 个蓄电池并联以电流 I 放电时，每个蓄电池的放电电流为 I/n，单体蓄电池正负极上反应物质量为蓄电池组的 $1/n$，放电结束时，蓄电池组放出的总电量为单体蓄电池容量的 n 倍。

3. 单体蓄电池的混联及其特点

混联的单体蓄电池就是串并结合，满足既需要高电压又需要大电流放电的工作条件的要求，如图 8-12 所示。根据蓄电池的实际需求考虑是先串后并还是先并后串，通常情况下蓄

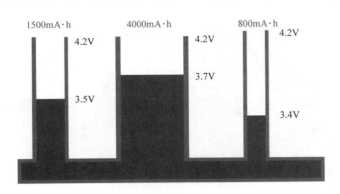

图 8-11 蓄电池组的额定电压

电池并联可靠性高于串联。

混合连接的每个单体蓄电池容量较小时，对大容量锂离子蓄电池的初始一致性要求较高，但成组单体蓄电池数量的增加会降低整个蓄电池组的可靠性。

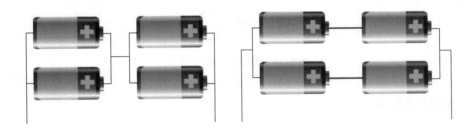

图 8-12 蓄电池混联示意图

基于混联先并联后串联或先串联后并联的两种基本原则，可以组合出许多种不同的连接方式。无论何种类型的蓄电池，应综合考虑连接可靠性和连接方式对蓄电池性能的影响，先并联后串联，系统可靠性高于单体可靠性，而先串联后并联系统可靠性低于单体可靠性。因此无论何种类型的蓄电池，建议采用先并联后串联的方法连接。北京 BJD6100 电动客车就采用了先并联后串联的方法连接，效果良好。

锂离子蓄电池的连接方式可以在蓄电池的外壳上看到标示，表示形式为 "∗S∗P"，其中 ∗ 代表阿拉伯数字，S 表示串联，P 表示并联。例如，"6S1P" 标示的含义为 1 节单体蓄电池构成一个电芯，6 节电芯串联构成蓄电池；"4S2P" 标示的含义为 2 节单体蓄电池并联构成一个电芯，4 节电芯串联构成蓄电池，也称为 8N（4S2P），可用式子表示为（1//1）+（1//1）+（1//1）+（1//1）。例如，有的电动汽车蓄电池标示为 3P91S，其含义为 3 个单体蓄电池并联组成一个电芯，再由 91 个电芯串联成动力蓄电池总成，如图 8-13 所示。

问题引导 3：蓄电池的封装形式有哪些呢？

目前应用的电动汽车动力蓄电池，主要封装形式有圆柱形、方形及软包三种。圆柱形蓄电池一般采用钢壳或铝壳封装，方形蓄电池有塑料壳体和金属壳体两种封装形式，软包结构一般采用铝塑膜材料封装，蓄电池的封装形式如图 8-14 所示。

图 8-13　动力蓄电池总成

圆柱形蓄电池　　　　　方形蓄电池　　　　　软包蓄电池

图 8-14　蓄电池的封装形式

二、圆柱形蓄电池

圆柱形蓄电池是蓄电池结构的常见形式。镍氢蓄电池、锂离子蓄电池和新开发的动力铅酸蓄电池均有圆柱形结构。圆柱形蓄电池从容量最小的 0.1A·h 的 AAAA 型蓄电池到容量较高的 10A·h 左右的 M 型蓄电池，形成了国际上统一的系列标准化规格，圆柱形蓄电池的规格如图 8-15 所示。

图 8-15　圆柱形蓄电池的规格

普通圆柱形蓄电池由外壳、盖帽、正极、负极、隔膜及电解液组成。一般蓄电池外壳为负极，盖帽为正极，蓄电池外壳采用镀镍钢板。而动力型圆柱形蓄电池一般应用电流比较大，需要专门的大电流导电连接结构设计，在原圆柱蓄电池结构基础上，设计专门的连接组合装置，如在蓄电池的正负极上设计内螺纹或螺柱，以此增强导电能力，方便结构连接。

1. 圆柱形蓄电池的特点

圆柱形蓄电池具有标准统一、工艺成熟、可大批量生产、散热效果好、使用期间耐高压、免维护和无膨胀现象的优点，但具有并联工艺复杂、使用时容易爆炸、蓄电池组体积大的缺点。

2. 圆柱形蓄电池的安全性

镍氢蓄电池和锂离子蓄电池在使用过程中，会产生一定量的气体，使内压增高，带来安全隐患，一般需有安全阀设计。安全阀分为可恢复型安全阀和破坏型安全阀。可恢复型安全阀主要结构如图 8-16 所示，该安全阀为橡胶阀结构，当蓄电池内部压力达到泄气压力时，内部压力将橡胶球顶起，气体排出，压力降低，橡胶球回弹，蓄电池重新密封，主要用于镍氢、镍镉等蓄电池中。破坏型安全阀如图 8-17 所示，破坏型安全阀结构属于一次性结构，当安全阀开启后，蓄电池本身也被损坏，破坏型的安全阀主要用于锂系列圆柱蓄电池当中，因为锂离子蓄电池的正常充放电是不产生气体的，若出现气体，则是内部物质发生了分解或存在一些不应该存在的物质（如水）与蓄电池内部材料发生了反应，出现这种情况，蓄电池将会完全失效。所以一般安装一次性的安全结构，当蓄电池内部压力增大时，直接将安全阀结构破坏掉，正极极耳与上盖之间的连接断开，蓄电池断路，内部气体泄出，蓄电池失效。

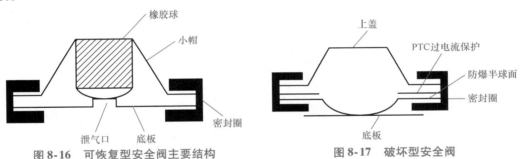

图 8-16　可恢复型安全阀主要结构　　　　图 8-17　破坏型安全阀

三、　方形蓄电池

电动汽车使用的铅酸蓄电池主要为方形结构，方形结构蓄电池有组合方便、承受大电流能力强的优点，但具有规格不统一、容量和型号繁多的缺点，镍氢、锂系列蓄电池均有方形结构。根据蓄电池接线柱的形式不同分为外螺纹、内螺纹联接两种形式。根据蓄电池外壳材料不同分为塑料外壳和金属外壳两大类，方形蓄电池外形如图 8-18 所示。

图 8-18　方形蓄电池外形

1. 塑料外壳

塑料外壳方形蓄电池具有绝缘好、壳体强度高、密封方便和组合方便的优点，但具有散热差、外壳易变形、模具成本高的缺点，塑料外壳方形蓄电池如图 8-19 所示。

图 8-19　塑料外壳方形蓄电池

2. 金属外壳

金属外壳方形蓄电池具有散热性能好、尺寸小的优点，但具有外壳容易带电、使用环境要求高和易膨胀的缺点，金属外壳方形蓄电池如图 8-20 所示。

图 8-20　金属外壳方形蓄电池

学习任务 2　蓄电池组的一致性

知识准备：

蓄电池组的一致性是蓄电池组成蓄电池组后的电压、容量和内阻等的趋同性，成组技术和使用情况会影响蓄电池组的一致性。

一、蓄电池组的一致性

蓄电池组的一致性是指同规格型号的单体蓄电池组成蓄电池组后，其电压、荷电量、容量及其衰退率、内阻及其变化率、寿命、温度影响、自放电率等参数的趋同性，蓄电池组的一致性分为容量一致性、电压一致性和电阻一致性。影响蓄电池组一致性的因素主要有制造过程中的工艺问题和材质的不均匀问题，使得蓄电池极板活性物质的活化程度、厚度、微孔率、联条和隔板等存在差别。装车使用时，各蓄电池的温度、通风条件、自放电程度和电解液密度等差别也会影响蓄电池组的一致性。

1. 容量一致性

为保证单体蓄电池初始容量的一致性，解决电动汽车初始容量不一致的问题，可以通过电池组在出厂前的分选试验或蓄电池单体单独充放电来调整。实际容量一致性是指蓄电池在放电过程中所剩余的电量是否相等，对于蓄电池剩余电量 C（实际容量）可表示如下

$$C = C_0 - \int I_b(t)\,dt \tag{8-5}$$

式中，C_0 表示电池的初始容量；I_b 表示放电电流。

式（8-5）表明蓄电池组实际容量主要与蓄电池初始容量 C_0 和放电电流 I_b 有关。

蓄电池循环工作次数对蓄电池的初始容量影响显著，尤其越到蓄电池寿命周期后期，初始容量不一致就越明显。蓄电池起始容量还与蓄电池容量衰减特性有关，蓄电池容量衰减特性与蓄电池储存温度、蓄电池荷电状态（SOC）等因素有关。锂离子蓄电池容量衰减特性见表8-1，从表中可看出蓄电池容量的衰减随着储存温度、储存时间、荷电状态（SOC）的增加而增加，例如，SOC=100% 的蓄电池在40℃环境下保存1年后容量衰减30%。

表8-1　锂离子蓄电池容量衰减特性

温度 时间/年 SOC	20℃			40℃		
	0.25	0.5	1	0.25	0.5	1
0	0	0	0	0	0	0
50%	5%	6%	6%	6%	10%	11%
100%	11%	14%	17%	19%	26%	30%

蓄电池组实际放电容量不一致性还与蓄电池放电电流有关。放电电流主要对并联蓄电池组影响大，模型简化图如图8-21所示，电路方程如下。

$$\sum E_{1i} - i_1 \sum r_{1i} = \sum E_{2i} - i_2 \sum r_{2i} \tag{8-6}$$

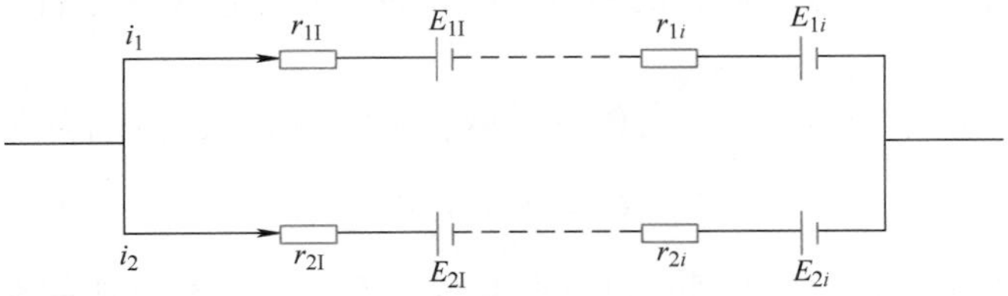

图8-21　模型简化图

假设并联蓄电池组每个单体蓄电池初始电动势相等，即 $\sum E_{1i} = \sum E_{2i}$，但内阻是不一样的，使得 $i_1 \neq i_2$，由式（8-6）可知蓄电池组实际容量将出现差异。

所以，在蓄电池组实际使用过程中，容量不一致主要是蓄电池初始容量不一致和放电电流不一致综合影响的结果。

2. 电压一致性

电压不一致的主要影响因素是并联的蓄电池的互充电，在并联蓄电池组中，电压高的蓄电池将给电压低的蓄电池充电。这种连接方式，低压蓄电池容量小幅增加的同时高压蓄电池容量急剧降低，能量将损耗在互充电过程中而达不到预期的对外输出。

低压蓄电池会成为整个蓄电池组的负载，明显增加深放电阶段，进而影响蓄电池的工作寿命。所以在行车过程中要避免这种情况出现。

蓄电池静态（蓄电池静止 1h 以上）开路电压在一定程度上是蓄电池 SOC 的集中表现。由于蓄电池 SOC 在一定范围内还与蓄电池开路电压呈线性关系，开路电压不一致也在一定程度上体现了蓄电池能量状态不一致。

3. 内阻一致性

蓄电池内阻不一致使得蓄电池组中单体蓄电池在放电过程中热损失的能量不一样，最终会影响单体蓄电池的能量状态。

1）串联蓄电池组。串联电阻不一致性体现在充放电过程中，蓄电池内阻损耗的能量为

$$E = \int_{t_1}^{t_2} I^2(t) r \mathrm{d}t \tag{8-7}$$

式中，r 为蓄电池内阻；t 为充电时间；I 为充电电流；t_1、t_2 为充电起止时间。

串联蓄电池组中电流 I 相同，在充电过程中，内阻大的蓄电池，能量损失大，产生热量多，温度升高快。若热量不能及时散失，可能导致蓄电池变形甚至爆炸的严重后果。由于内阻不同，分配到串联蓄电池组每个蓄电池的充电电压不同，内阻大的蓄电池电压可能提前到达充电的最高电压极限，为防止内阻大的蓄电池过充电和保证充电安全，会在还未充满电的情况下停止充电。

2）并联蓄电池组中也存在并联电阻不一致性，$U_1 = I_1 r_1 + IR$，$U_2 = I_2 r_2 + IR$。U_1、U_2 分别为两支路蓄电池端电压，r_1、r_2 为两支路蓄电池内阻，I_1、I_2 分别为 U_1、U_2 支路电流，I 为电路总电流。

在放电过程中，为了便于计算，假设 $U_1 = U_2$，则 $I_1 r_1 = I_2 r_2$。所以内阻大的蓄电池，电流小；反之，内阻小的蓄电池，电流大。从而使蓄电池在不同的放电率下工作，影响蓄电池组的寿命。与此同时，蓄电池放出的能量为

$$E = \int_{t_1}^{t_2} U(t) I(t) \mathrm{d}t \tag{8-8}$$

在 $I_1 \neq I_2$ 的情况下，蓄电池放出的能量不同，致使在相同工作条件下，蓄电池放电深度不同。

在充电过程中，由于内阻不同，分配到并联蓄电池组的充电电流不同，充电容量为

$$C = \int_{t_1}^{t_2} I(t) \mathrm{d}t \tag{8-9}$$

由式（8-9）可以看出，在相同时间内充电容量不同，即蓄电池的充电速度不同时，将

08

影响整个充电过程。在实际充电过程中，要防止充电快的蓄电池过充电和充电慢的蓄电池充不满的情况。

问题引导2：影响蓄电池组一致性的因素有哪些？

二、 影响蓄电池组一致性的因素

蓄电池充放电过程的电压值是该蓄电池热力学和动力学状态的综合反映，既受蓄电池生产过程中各工序工艺条件、成组技术、结构和原材料的影响，又受蓄电池充放电过程中电流、温度、时间和使用过程中偶然因素的影响，蓄电池组不一致性的原因如图8-22所示。

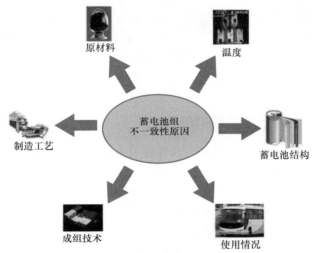

图8-22　蓄电池组不一致性的原因

1. 蓄电池成组技术对蓄电池组一致性的影响

为满足输出能量和功率的要求，大量的单体蓄电池通过连接电路、控制元件连接在一起，但是每个连接点所消耗的能量不一致，每个元器件，或结构件的性能及老化速率不一致，对蓄电池的影响也不一致，那么对整个储能系统的影响也不一致，不同蓄电池成组技术如图8-23所示。

2. 蓄电池使用情况及环境对蓄电池组一致性的影响

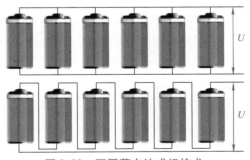

图8-23　不同蓄电池成组技术

图8-24所示为蓄电池组不同的使用环境下，各单体蓄电池所处的环境也不可避免地会存在差异，会影响蓄电池组的一致性。如在方形的锂离子蓄电池组中，中间蓄电池与四周的蓄电池所处的环境温度、受力情况不相同，中间的蓄电池往往比四周的蓄电池温度高5～15℃，甚至更高，此时蓄电池的充放电倍率、老化速度、衰减速度差异变大，从而将缩短蓄电池组的寿命。可通过主动热均衡和热管理的方式改善使用情况和环境对蓄电池一致性的影响。

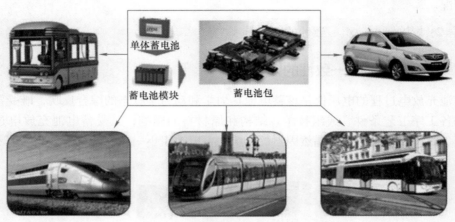

图 8-24　蓄电池组不同的使用环境

问题引导 3： 可采取哪些措施提高蓄电池组一致性？

三、提高蓄电池组一致性的措施

在蓄电池组的运用中，蓄电池组的一致性至关重要，所以需要采取一定的措施，以减缓蓄电池不一致性扩大的趋势或速度。根据动力蓄电池应用经验和试验研究，常采用如下 8 项措施，保证蓄电池组寿命逐步趋于单体蓄电池的使用寿命。

1）改善蓄电池制造工艺，保证蓄电池出厂质量和初始电压的一致性。

2）蓄电池成组时需采用同一类型、同一品牌、同一规格、同一型号的单体蓄电池。

3）采用蓄电池组均衡系统，对蓄电池组充放电进行智能管理。

4）保证蓄电池组良好的使用环境。

5）尽量避免蓄电池过充电，尽量防止蓄电池深度放电。

6）对使用中发现的容量偏低的蓄电池，应进行单独维护性充电，使其性能恢复。

7）在蓄电池使用过程中检测单体蓄电池参数，掌握单体蓄电池不一致性的发展规律，尤其是应掌握动、静态情况下电压分布情况，以及时调整或更换极端参数蓄电池，保证蓄电池组参数的一致性。

8）经常对蓄电池组进行限电流维护性充电，保持蓄电池组的均衡性，恢复性能。

学习任务 3　蓄电池充放电特性

知识准备：

蓄电池的充电电流、放电深度和充电温度影响蓄电池的充电特性；环境温度、材料粒径和电解液电导率影响高倍率放电，而高倍率放电、放电深度和温度又影响蓄电池的放电特性。

问题引导1：单体蓄电池的充电方式有哪些？

一、 单体蓄电池的充电方式

蓄电池充电就是将电能转换成化学能的过程，电流按照蓄电池放电电流相反的方向通过蓄电池，使蓄电池恢复工作能力。蓄电池充电时，蓄电池正极与电源正极相连，蓄电池负极与电源负极相连，充电电源电压必须高于蓄电池总电动势，充电是将电能转化成化学能的过程。蓄电池的充电方式有恒压充电、恒流充电和脉冲充电三种，图8-25所示为充电过程中的电动汽车。

图8-25　充电过程中的电动汽车

问题引导2：蓄电池的充电特性有哪些？

二、 蓄电池的充电特性

1. 充电率

充电率是指蓄电池在规定时间内充电到额定容量所需的恒定电流值，用若干小时率（hr）表示。如设蓄电池的额定容量 $C = 60A \cdot h$，规定用20hr充电，则充电率 $I_{20} = C/20 = 3A$。充电率对蓄电池的充电深度、使用寿命有显著影响。大电流充电对蓄电池的寿命不利。

C 是英文单词 Capacity（容量）的第一个字母，用 nC 也可以表示蓄电池充放电时电流的数值大小。例如：蓄电池的额定容量为1000mA·h时，若放电时间可持续1小时，则放电率为1000mA（1C）；若放电时间可持续2小时，则放电率为500mA（C/2）。充电率也可按此对照计算。不同充电率的蓄电池与端电压的关系如图8-26所示。

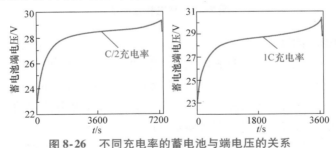

图8-26　不同充电率的蓄电池与端电压的关系

2. 充电终止电压

充电终止电压是指在规定的恒流充电期间，蓄电池达到完全充电状态时的电压。到达充电终止电压后若仍继续充电，即为过充，过充对蓄电池性能和寿命有损害。铅酸蓄电池的充电终止电压为2.4V。根据图8-27充电终止电压所示，铅酸蓄电池开始时恒流充电，随着充电时间变长，充电电压增大，当充电电压接近充电终止电压（2.4V）时，为了保护蓄电池的性能和寿命，开始减小充电电流，变成恒压充电，直到充电结束。

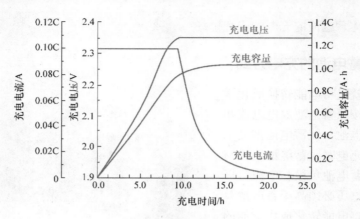

图 8-27　充电终止电压

3. 充电特性曲线

蓄电池的充电特性曲线是在 25℃ 温度下测量和标度的。充电曲线通常有三条：充电电流曲线、充电电压曲线、充电容量曲线。充电特性曲线如图 8-28 所示。

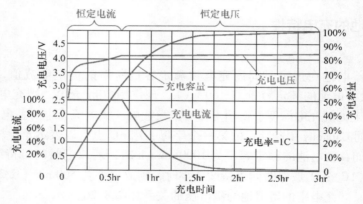

图 8-28　充电特性曲线

4. 充电特性的影响因素

影响蓄电池充放电的因素主要有充电电流、放电深度和充电温度。

（1）充电电流对充电特性的影响　充电电流越大，恒流充电的时间越短，恒流可充入的容量也越少。锂离子蓄电池在实际应用中，开始以最大充电电流恒流充电，达到限压后，再进行恒压充电。充电电流对充电特性的影响如图 8-29 所示。

动力蓄电池最大充电电压随着充电电流的增加而升高。在恒流充电阶段，随着充电电流的增加，动力蓄电池的充电时间不断缩短。在恒流充电末期，不同充电电流下，动力蓄电池电压的上升率基本相同。

蓄电池在小电流充电下，恒流阶段充入电量较多，但充电时间较长。蓄电池在大电流（0.5C）充电下，恒流阶段充入电量较少，但可大大缩短充电时间，而且恒流阶段可充入容量的 90% 以上。不同充电电流大小对充电量参数的比较见表 8-2。因此，利用大电流对蓄电池进行充电，可以达到快速充电的目的。

08

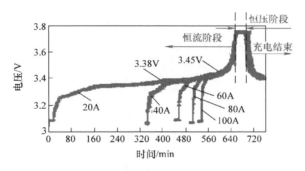

图 8-29 充电电流对充电特性的影响

表 8-2 不同充电电流大小对充电量参数的比较

充电电流 /A	恒流阶段 充入电量 /(A·h)	恒压阶段 充入电量 /(A·h)	总充入电量 /(A·h)	恒流阶段 充电时间 /min	恒压阶段 充电时间 /min	总充电时间 /min
20	211.96	6.09	218.05	638	36	674
40	204.82	12.61	217.43	307	49	356
60	199.83	15.43	215.26	200	45	245
80	197.26	18.62	215.88	148	45	193
100	195.15	19.83	214.98	119	42	161

（2）放电深度对充电特性的影响　动力蓄电池充电电压平台随着放电深度的减小而降低，且在充电末期，动力蓄电池电压上升率随放电深度的减小而增加。在恒流充电结束时，动力蓄电池平均充入容量 90% 以上。因此，为了保护动力蓄电池，可考虑在相同充电电流下，使动力蓄电池充电截止电压随着放电深度的减小而降低。这样既可以在恒流阶段进行快速充电，又可以减小动力蓄电池的充电截止电压，从而减缓动力蓄电池容量的衰减，延长动力蓄电池的循环寿命。不同放电深度下的充电参数比较见表 8-3。

单体蓄电池的充电

表 8-3 不同放电深度下的充电参数比较

放电深度	恒流阶段 充入电量 /(A·h)	恒压阶段 充入电量 /(A·h)	总充入电量 /(A·h)	恒流阶段 充电时间 /min	恒压阶段 充电时间 /min	总充电时间 /min
1	201.6	22.5	224.1	152	57	209
0.8	171.1	6.6	177.7	128	17	145
0.6	133.3	2.4	135.7	100	7	107
0.4	89.4	2.5	91.9	67	6	73
0.2	48	0.9	48.9	36	3	39

（3）充电温度对充电特性的影响　充电温度越低，蓄电池的可充入容量越低，充电时间越长。在冬季低温情况下，蓄电池可充入容量低，因此，为防止蓄电池过放电，必须降低

单次充电的可用容量。

蓄电池的反复放电和低压恒压充电循环，会导致电解液温度升高。若在低温下充电，扩散电流密度明显减小，而交换电流密度无明显减小，所以浓差极化加剧，会导致充电效率降低。而上次放电的电解质在低温下的饱和度，会增加蓄电池充放电反应阻力，进一步降低充电效率。充电温度对充电特性曲线的影响如图8-30所示。

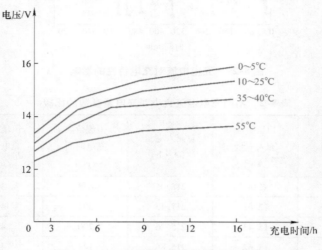

图 8-30　充电温度对充电特性曲线的影响

问题引导 3：单体蓄电池充电注意事项有哪些?

三、单体蓄电池充电注意事项

锂离子单体蓄电池的额定电压为 3.6V，充电限制电压为 4.2V，放电限制电压为 2.5V。在蓄电池电压较低时，先采用 1000mA 恒定电流充电，蓄电池电压不断上升，当上升到 4.2V 时，转为恒压充电（4.2V±50mV），充电电流逐渐减小，当蓄电池充足电时，电流降到涓流充电电流（默认为 0.1CC）。所谓涓流充电就是使蓄电池保持在近似完全充电状态的连续小电流充电，又称维护充电。单体蓄电池充电电流与电压随时间变化曲线如图8-31 所示。

为实现单体蓄电池良好的使用性能，充电时，应注意以下事项。

1. 避免过高温度充电

如果在高温环境（35℃以上）中使用锂离子蓄电池，蓄电池的电量将会不断地减少，蓄电池的供电时间也会减少。如果此时为设备充电，蓄电池损伤将变大。尽量保持在适宜的操作温度下是延长锂蓄电池寿命的好方法。同时，蓄电池的存储同样应避免高温环境。

2. 避免过低温度充电

如果在低温环境（4℃以下）中使用锂离子蓄电池，蓄电池的使用时间会暂时减少。一旦温度升起来，蓄电池中的分子受热，就马上恢复到正常的电量。因此为了避免蓄电池损伤，蓄电池在低温时禁止充电。

08

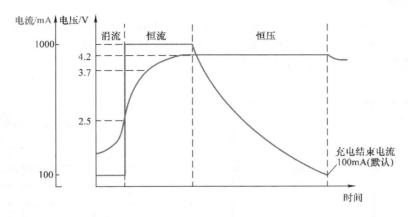

图 8-31　单体蓄电池充电电流与电压随时间变化曲线

3. 经常使用

要想发挥锂离子蓄电池的最大效能，就需要经常使用，让锂离子蓄电池内的电子始终处于流动状态。存储锂离子蓄电池时，需要每月完成一个充电周期，做一次电量校准，即深度充放电一次。

问题引导 4： 单体蓄电池放电方式有哪些？

四、　单体蓄电池的放电方式

单体蓄电池的放电，是将化学能转化成电能的过程。定期充放电也叫核对性充放电，对浮充电运行的蓄电池，每经过一定时间都要使其极板的活性物质进行一次较大的充放电反应，以检查蓄电池容量，发现蓄电池老化时，及时维护处理，以保证蓄电池的正常运行。定期充放电一般一年不少于一次，定期充放电示意图如图 8-32 所示。

单体蓄电池的放电

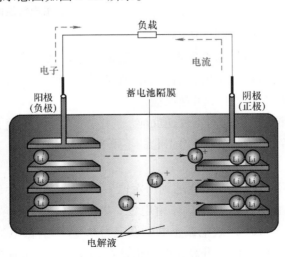

图 8-32　定期充放电示意图

1. 负载放电

负载放电测试有两种方式：一是将若干电灯泡并联起来作为负载，改变接入电灯泡的数量；二是将可变电阻和蓄电池串联起来调节可变电阻，这两种方式都可以得到不同的放电电流。蓄电池负载放电测试如图 8-33 所示。

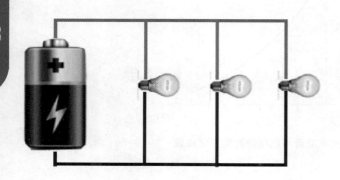

图 8-33　蓄电池负载放电测试

2. 自放电

蓄电池长期闲置不用，会损耗电量，这种现象称为蓄电池的自放电现象。蓄电池和原电池在不与外电路连接时，内部自发反应会引起电池容量损失，以每年或每月损失的容量百分数表示。锂离子蓄电池的自放电很少，每年约 1%，金属氢化物镍蓄电池自放电则较多，达每月 12% ~ 13%。由于自放电的存在，在使用闲置蓄电池时，需要重新为蓄电池充电，使其电量充足。图 8-34 所示为不同的温度对蓄电池自放电特性曲线的影响。

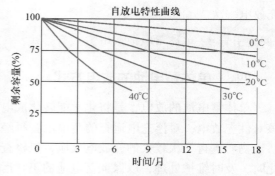

图 8-34　不同的温度对蓄电池自放电特性曲线的影响

自放电的主要原因是蓄电池内部发生了不可逆的反应，从而造成了蓄电池容量损失。发生不可逆反应的类型多种多样，主要包括以下几种情况。

1）正极或负极与电解液发生不可逆反应。

2）电解液自身所带杂质引起的不可逆反应。

3）制造时产生的杂质造成的微短路引起的不可逆反应。

3. 过放电

蓄电池放完内部储存的电量，电压达到一定值后，继续放电就会造成过放电，通常根据放电电流来确定放电截止电压。对于单体蓄电池，0.2 ~ 2C 放电一般设定放电截止电压为 1.0V，3C 以上（如 5C 或 10C）放电截止电压设定为 0.8V。当蓄电池以大电流过放电或者反复过放电时，会导致蓄电池内压升高，正负极活性物质受到不可逆的破坏，容量会有明显衰减。

08

五、 单体蓄电池放电率的表征

1. 放电率

放电率是度量蓄电池放电快慢的放电参数，等于蓄电池放电的电流。蓄电池容量是用设定的电流把蓄电池放电至设定的电压所经历的时间和该电流的乘积，而蓄电池的容量跟放电电流的大小有很大关系，放电电流的大小决定了蓄电池放电的时长。通常蓄电池厂家在标注其蓄电池的额定容量时必须标明其放电率。放电率越大，蓄电池能输出的容量越小，放电率通常有两种表示方式，即时率和倍率。可通过不同的放电率来检测蓄电池的容量，放电电流和蓄电池容量的关系如图 8-35 所示。

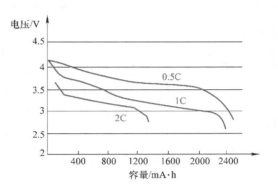

图 8-35　放电电流和蓄电池容量的关系

2. 时率

时率是表示蓄电池放电电流大小的参数，如果以电流 I 放电，蓄电池在 n 小时内放出的电量为额定容量，该放电率称为 n 小时放电率。例如：一组蓄电池额定容量为 $C_{20} = 12\mathrm{A \cdot h}$，则表示该蓄电池以 $12/20 = 0.6\mathrm{A}$ 的电流放电，可连续放电 20h。如图 8-36 所示为不同放电电流对放电时间的影响。

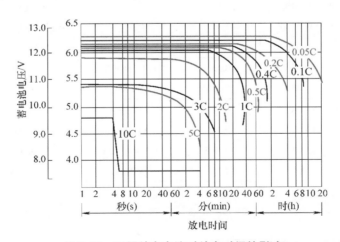

图 8-36　不同放电电流对放电时间的影响

3. 倍率

倍率放电是蓄电池以 1h 放电率电流值的倍数进行放电，以放电电流相对额定容量大小的比率来表示。例如一组额定容量 100A·h 的蓄电池以 0.1C 放电率放电，则表示该组蓄电

池以 $0.1 \times 100 = 10A$ 的放电电流放电。若蓄电池以 0.2C 放电率放电，则表示该组蓄电池以 $0.2 \times 100 = 20A$ 的放电电流放电。对于 $24A \cdot h$ 蓄电池来说，2C 放电电流为 48A，0.5C 放电电流为 12A，放电电流对额定容量的影响如图 8-37 所示。

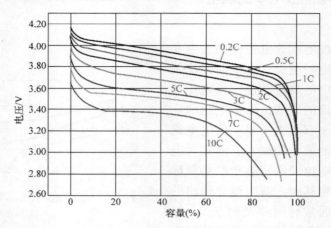

图 8-37　放电电流对额定容量的影响

4. 放电终止电压

放电终止电压指蓄电池放电的电压下降到蓄电池不宜再继续放电的最低电压值。根据不同的蓄电池类型及不同的放电条件，对蓄电池的容量和寿命的要求也不同，因此规定的蓄电池放电的终止电压也不相同，不同放电电流对应不同的放电终止电压见表 8-4。

表 8-4　不同放电电流对应不同的放电终止电压

20hr 额定容量蓄电池			10hr 额定容量蓄电池		
	平均终止放电电压			平均终止放电电压	
放电电流 A	$6V1.2A \cdot h \sim$ $6V12A \cdot h$	$12V0.8A \cdot h \sim$ $12V26A \cdot h$	放电电流/A	$12V31A \cdot h \sim$ $12V200A \cdot h$	$2V100A \cdot h \sim$ $2V1200A \cdot h$
0.05C（20h）	5.25V	10.50V	0.1C 以下或间歇电流	11.40V	1.90V
0.093C（10h）	5.25V	10.50V	0.1C 或近似电流	10.80V	1.80V
0.17C（5h）	5.10V	10.20V	0.16C 或近似电流	10.50V	1.75V
0.25C（3h）	5.00V	10.00V	0.23C 或近似电流	10.20V	1.70V
0.6C（1h）	4.80V	9.60V	0.6C 或近似电流	9.60V	1.60V
（0.6~3）C	4.50V	9.00V	（0.6~3）C	9.00V	1.50V
大于 3C 电流	3.90V	7.80V	大于 3C 电流	7.80V	1.30V

问题引导 6：影响放电特性的主要因素有哪些？

六、　影响放电特性的主要因素

（一）高倍率放电

放电电流的大小常用放电倍率来表示，即放电倍率 = 放电电流/额定容量，蓄电池倍率放电曲线如图 8-38 所示。例如：额定容量为 $20A \cdot h$ 的蓄电池用 100A 放电时，其放电倍率为5C。

三种锂离子蓄电池允许放电电流：

1）能量型锂离子蓄电池：正常放电工作电流为1C，最大放电电流为2C。

2）高电压锂离子蓄电池：正常放电工作电流为0.5C，最大放电电流为1C。

3）功率型锂离子蓄电池：正常放电工作电流为2C，最大放电电流为15～20C。

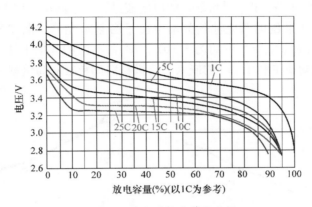

图8-38　蓄电池倍率放电曲线

蓄电池正极材料的粒径和蓄电池电解液电导率对高倍率放电存在影响，选取表8-5中的锂离子蓄电池进行测试，研究这些蓄电池与放电倍率的关系。

表8-5　锂离子蓄电池组成成分表

编号	正极成分	结构	极耳	电解液
A1	$LiNi_{1/3}Co_{1/3}Mn_{1/3}O_2$ （ D50 ＝9μm）	单极耳	镍带	导电锂盐
A2	$LiNi_{1/3}Co_{1/3}Mn_{1/3}O_2$ （ D50 ＝9μm）	单极耳	铜带	导电锂盐
A3	$LiNi_{1/3}Co_{1/3}Mn_{1/3}O_2$ （ D50 ＝9μm）	双极耳	铜带	导电锂盐
A4	$LiNi_{1/3}Co_{1/3}Mn_{1/3}O_2$ （ D50 ＝12μm）	双极耳	铜带	导电锂盐
A5	$m(LiMn_2O_4):m(LiCoO_2)=1:1$	双极耳	铜带	导电锂盐
A6	$m(LiMn_2O_4):m[LiNi_{1/3}Co_{1/3}Mn_{1/3}O_2$ （ D50 ＝9μm）］＝2:1	双极耳	铜带	导电锂盐
A7	$LiFePO_4$	双极耳	铜带	导电锂盐
A8	$m(LiMn_2O_4):m(LiCoO_2)=1:1$	双极耳	铜带	聚合物
A9	$m(LiMn_2O_4):m(LiCoO_2)=1:1$	双极耳	铜带	纳米陶瓷

1. 高倍率放电时的蓄电池表面温度

锂离子蓄电池在放电时会因欧姆热效应而升温，取A1、A2和A3蓄电池各2节，测得内阻分别为32.12mΩ、25.11mΩ和12.19mΩ；当以10C放电电流放电时，表面最高温度分别为87℃、74℃和52℃。由此可以看出，内阻对锂离子蓄电池高倍率放电时表面最高温度的影响很大，内阻小的蓄电池的表面温度相对低。

另外，不同放电倍率时，蓄电池表面温度不同，高倍率放电时蓄电池表面的温度如图8-39所示。

2. 正极材料的粒径对高倍率放电的影响

取 A3、A4 电池各 4 节，以 1C 和 20C 放电电流进行放电测试，以 1C 放电时，不同粒径的 $LiNi_{1/3}Co_{1/3}Mn_{1/3}O_2$ 装配的蓄电池的放电电压平台基本相同，曲线重合得较好；以 20C 放电时，A3 蓄电池的放电电压平台约为 3.10V，A4 蓄电池的放电电压平台约为 2.95V，说明粒径小的正极活性物质更利于 Li^+ 的嵌入。正极材料的粒径对高倍率放电的影响如图8-40所示。

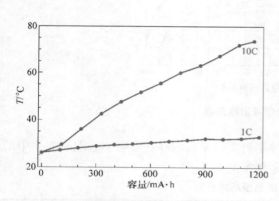

图8-39 高倍率放电时蓄电池表面的温度

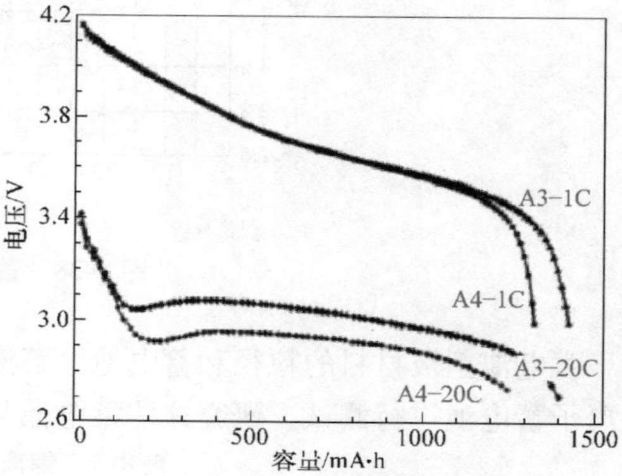

图8-40 正极材料的粒径对高倍率放电的影响

3. 电解液电导率对高倍率放电的影响

向 1mol/L 的 $LiPF_6$/［碳酸乙烯酯（EC）+碳酸乙基甲酯（EMC）+碳酸二甲酯（DMC）］基质中分别添加导电锂盐、聚合物和纳米陶瓷配制电导率分别为 12.10mS/cm、11.12mS/cm和 8.12mS/cm 的电解液，并组装 A6、A8 和 A9蓄电池，并分别以 1C 和 8C 放电电流进行测试（图8-41）。放电时，电解液电导率高的蓄电池放电电压平台高于电解液电导率低的蓄电池。以 1C 放电时，A6 蓄电池的放电中值电压约为3.8V，而 A9 电池的放电中值电压约为 3.7V，两者相差约 0.1V，说明较高的电导率有利于提高锂离子蓄电池的高倍率放电能力。

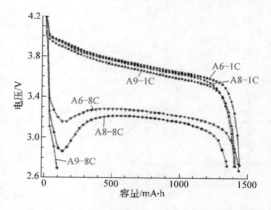

图8-41 电解液电导率对高倍率放电的影响

（二）放电深度对蓄电池的影响因素

锂离子蓄电池放电深度是指蓄电池实际所放电量与可用容量的比值。数字越小，就意味着放电越浅，比如，放电深度为20%，说明剩下80%的可用容量。

放电深度对蓄电池的影响是：放电深度越深，蓄电池寿命越容易缩短，电压和电流就越不稳定。在相同的放电机制下，电压值越小，放电深度越深。

（三）温度对蓄电池放电的影响因素

1. 放电温度

为保证蓄电池的工作特性，蓄电池放电工作时，要提供一定的温度环境。

三种锂离子蓄电池适合的工作温度为：

1）能量型蓄电池：0～60℃；

2）高电压蓄电池：10～45℃；

3）功率型蓄电池：15～45℃；

放电温度对蓄电池放电的影响如图8-42所示。

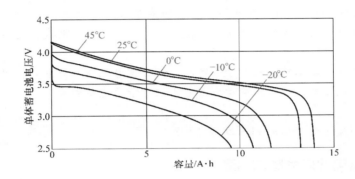

图 8-42　放电温度对蓄电池放电的影响

2. 环境温度

在所有的环境因素中，温度对蓄电池的放电性能影响最大。如果温度下降，假设蓄电池电压保持恒定，电极的反应率下降、放电电流降低、蓄电池的输出功率下降、电解液传送速度也会下降，蓄电池充放电性能受到影响。反之，蓄电池输出功率会上升、电解液传送速度加快。但温度太高，超过45℃时，会破坏蓄电池内的化学平衡，导致副反应，温度对蓄电池性能的影响如图8-43所示。

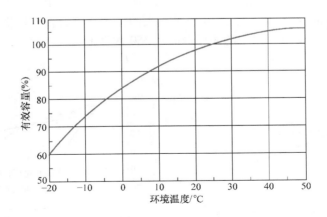

图 8-43　温度对蓄电池性能的影响

学习任务 4　蓄电池的成组寿命

知识准备:

　　充电电压、放电深度、放电倍率和环境因素等会影响蓄电池的寿命。

　　由于各单体蓄电池间的不一致性和串联动力蓄电池组的短板效应,在动力蓄电池组的使用过程中,蓄电池组的最大可用容量与单体蓄电池的可用容量下降速度不同步,导致各单体蓄电池的 SOC 不相同,使得蓄电池组寿命和单体蓄电池相比,明显降低。过充电或过放电都会对蓄电池造成损伤,致使动力蓄电池的容量衰减,使得动力蓄电池组寿命降低明显。

　　当动力蓄电池中单体蓄电池寿命一定时,动力蓄电池的连接方式、组内单体蓄电池的块数及其不一致程度将成为影响动力蓄电池组寿命的主要因素。

问题引导 1: 单体蓄电池寿命影响因素有哪些?

一、单体蓄电池寿命影响因素

　　动力蓄电池在充放电循环使用过程中,性能会逐步退化。其退化程度随着充放电循环次数的增加而加剧,其退化速度与单体蓄电池充放电的工作状态和环境有着直接的关系。

　　影响动力单体蓄电池寿命的因素包括以下几点。

　　(1) **充电截止电压**　动力蓄电池在充电过程中一般都伴随有副反应,充电截止电压越高,副反应越加剧,并导致蓄电池使用寿命缩短、内部短路损坏蓄电池、甚至着火爆炸。

　　以锂离子动力蓄电池为例,降低充电截止电压对蓄电池容量衰退的影响如图 8-44 所示。避免锂离子蓄电池充电至容量的 100%,可以有效提高蓄电池循环寿命,但会降低蓄电池的可用容量。研究表明,充电电压降低 100~300mV 可以将寿命延长 2~5 倍或者更长。提高充电截止电压对蓄电池容量衰退的影响如图 8-45 所示,可以看出,充电截止电压即使提高 0.05V,对动力蓄电池容量的衰退的影响也是巨大的,当充电截止电压提高 0.15V 时,动力蓄电池容量保持在 800mA·h 以上的循环寿命从 350 次降低到 140 次。

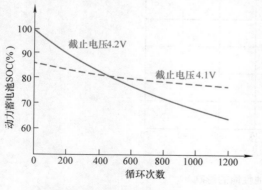

图 8-44　降低充电截止电压对
　　　　　蓄电池容量衰退的影响

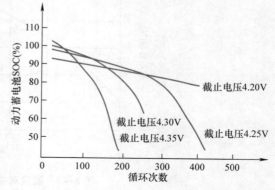

图 8-45　提高充电截止电压对蓄电池容量衰退的影响

（2）放电深度　深度放电会加快动力蓄电池的衰退。某动力蓄电池在不同放电深度下的循环寿命见表8-6，从中可以发现，浅充浅放可以有效地提高动力蓄电池的使用寿命。

表8-6　不同放电深度下的循环寿命

放电深度	100%	75%	50%	25%
循环次数	500	1500	2500	4700

（3）充放电率　单体蓄电池的充放电率是其在使用工况下最直接的外界环境特征参数，其大小直接影响着单体蓄电池的衰减速度。充放电率越高，单体蓄电池的容量衰减越快，图8-46是在不同充放电率下单体蓄电池的容量衰退情况，可以看出，同样是0.5C充电，1C放电的蓄电池退化比0.5C放电的严重；同样是1C放电，1C充电的蓄电池退化比0.5C充电的严重。由此可知，单体蓄电池大倍率的充放电都会加快容量的退化速度。如果充放电率过大，单体蓄电池还可能会出现直接损坏，甚至过热、短路起火等极端现象。

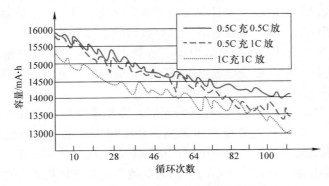

图8-46　不同充放电率下单体蓄电池的容量衰退情况

（4）环境温度　不同的动力蓄电池都有最佳的工作温度范围，过高或过低的温度将对蓄电池的使用寿命产生影响。图8-47为某容量为10A·h的锂离子动力蓄电池两种温度条件下的容量衰减曲线，均用0.3C充电，0.5C放电的方式进行循环，可以看出在高温下运行应用的动力蓄电池容量衰减明显大于常温下工作的蓄电池。

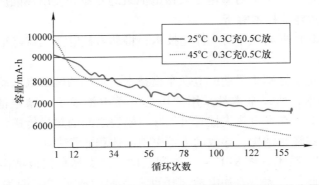

图8-47　某容量为10A·h锂离子动力蓄电池两种温度条件下的容量衰减曲线

（5）存储条件　在存储过程中，由于蓄电池的自放电、正负极材料钝化、电解液分解蒸发、电化学副反应等因素，将导致蓄电池产生不可逆的容量损失。以锂离子蓄电池为例，在锂离子蓄电池存储期间，石墨负极的副反应是引起锂离子动力蓄电池容量衰减的主要原因。锂离子蓄电池电极材料与电解液在固液相界面上发生反应后，其负极表面会形成一层电子绝缘且离子可导的固体电解质界面膜，其主要是由于电解液在负极表面的还原分解而形成的。这层膜的性质和质量直接影响着电极的充放电性能和安全性。

> **问题引导 2**：蓄电池组寿命的影响因素有哪些？

二、蓄电池组寿命的影响因素

蓄电池组寿命的影响因素除了单体蓄电池本身所含因素以外，还包括不一致性、成组方式、温区差异和振动环境等。

在车辆上应用时，不一致性对蓄电池组寿命的影响有三个方面：

1）因容量不同，蓄电池的放电深度不同。在大多数蓄电池还属于浅放电情况下，容量不足的蓄电池会进入深放电阶段，并且在其他蓄电池深放电时，低容量蓄电池可能已经没有电量放出，成为电路中的负载。即容量不一致导致的放电深度差异。

2）同一种蓄电池都有相同的最佳放电率，容量不同，最佳放电电流就不同。在串联组中电流相同，所以有的蓄电池在最佳放电电流工作，而有的蓄电池达不到或超过了最佳放电电流。即由于容量不一致导致工作过程中的放电率差异。

3）在充电过程中，小容量蓄电池将提前充满，为使蓄电池组中其他蓄电池充满，小容量蓄电池必将过充电，充电后期充电电压偏高，甚至超出蓄电池电压最高限，形成安全隐患，影响整个蓄电池组充电过程。过充电将严重影响蓄电池的使用寿命。

在电动车辆上蓄电池的安装位置不同，则蓄电池所处的热环境也会存在差异，如部分蓄电池可能靠近电机等热源，而部分蓄电池可能处于通风状况良好的区域。在同一位置的蓄电池，由于通风条件的差异，也会导致单体蓄电池间的温差。从前面章节可知，不同的温度对蓄电池的特性具有一定的影响，在这种应用环境下，相当于不同特性的蓄电池在同种工况下工作。

车辆的振动环境将对蓄电池的机械特性产生影响，如极耳断裂、电解液泄漏、电气连接件松动、活性物质脱落等，都会对蓄电池及蓄电池组的寿命和使用性能产生负面影响。

【知识拓展】CTB 刀片电池技术解析

CTB（Cell to Body）即电池车身一体化技术，将动力蓄电池上盖与车身底板进行合二为一，和整车融为一体。

这一技术的突破主要区别于早期的电动车型技术，早期的电动汽车动力蓄电池不具备现在的液冷、温控等技术，所以基本都采用"电芯 – 蓄电池模块 – 蓄电池包"的封装形式，这种设计方式主要是为了在发生热失控时可以减少模块之间的热量传递，提升安全系数。但这种封装模式有很多线缆和结构，导致动力蓄电池的体积非常大。

比亚迪研发的 CTB 技术（图 8-47）在空间结构上以类蜂窝铝板结构为灵感，将刀片电池深度融入其中。因此，上盖、刀片电池、托盘三者便构成了"三明治"结构，这样的结构就使得蓄电池系统的体积利用率提升至 66%，系统能量密度提升了 10%，整个底盘最高可装载容量为 82.5kW·h，可为汽车带来 700km 的超长续驶能力。

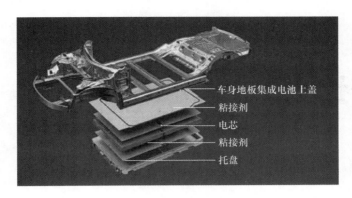

图 8-48 CTB 刀片电池车身一体化技术

学习情境九

蓄电池管理系统

蓄电池管理系统

蓄电池管理系统
的基本结构

蓄电池管理系统
主要功能

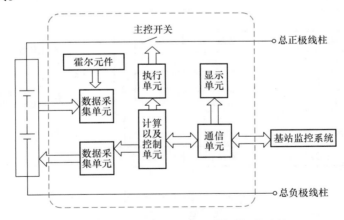

学习目标：

1. 初步了解蓄电池管理系统的基本结构。
2. 初步了解蓄电池管理系统的主要功能。
3. 培养学生搜集和整理相关资料的能力，开拓学生的思维，提高学生创新意识。

学习任务1　蓄电池管理系统的基本结构

知识准备：

蓄电池管理系统的基本结构主要由主控单元、多个从控单元等组成。

问题引导： 蓄电池管理系统的基本结构有哪些？

蓄电池管理系统的功能和用途是随着电动汽车技术的发展逐步丰富起来的，最早的蓄电池管理系统仅进行蓄电池一次参数的测量（电压、电流、温度等）采集，之后发展到二次参数（SOC、内阻）的测量和预测，并根据极端参数进行蓄电池状态预警。现阶段蓄电池管理系统除完成数据测量和蓄电池状态估算外，还通过数据总线直接参与车辆状态的控制。图9-1为主从式蓄电池管理系统的拓扑结构，它采用一个主控单元、多个从控单元的结构形式。

蓄电池管理系统
上下电流程

图9-1　主从式蓄电池管理系统的拓扑结构

蓄电池管理系统的主要工作原理可简单归纳为数据采集电路采集蓄电池状态信息（电压、电流、温度等）数据后，通过 CAN 总线将数据传送给电子控制单元进行数据处理和分析，然后蓄电池管理系统根据分析结果对系统内的相关功能模块发出控制指令（如控制风机开、关等），并向外界传递参数信息，同时蓄电池管理系统也能通过 CAN 总线与组合仪表及充电机等进行通信，实现参数显示、充电监控（图9-2）等功能。

图 9-2　充电时蓄电池管理系统在工作

学习任务 2　蓄电池管理系统主要功能

知识准备：

　　数据采集、蓄电池状态计算、能量管理、安全管理、热管理、均衡控制等是蓄电池管理系统的主要功能。

问题引导： 蓄电池管理系统的功能有哪些？

　　蓄电池管理系统的功能主要包括：数据采集、状态估计、能量管理、安全管理、热管理、均衡控制、数据通信、人机接口等（图 9-3）。

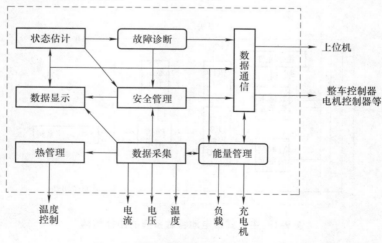

图 9-3　蓄电池管理系统的功能示意图

1. 数据采集

　　蓄电池管理系统的所有算法都是以采集动力蓄电池数据作为输入，采样频率、精度和前置滤波特性是影响蓄电池系统性能的重要指标。电动汽车蓄电池管理系统的采样频率一般要求大于 200Hz，蓄电池管理系统的数据采集流程如图 9-4 所示。

蓄电池管理系统
电流采集

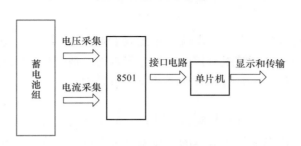

蓄电池管理系统
电压采集

图9-4　蓄电池管理系统的数据采集流程

2. 蓄电池状态计算

蓄电池状态计算包括蓄电池组荷电状态（State of Charge，SOC）和蓄电池组健康状态（State of Health，SOH）两方面。SOC 用来提示动力蓄电池组剩余电量，是计算和估计电动汽车续驶里程的基础。SOH 用来提示蓄电池技术状态，是预测可用寿命等健康状态的参数，单体蓄电池的荷电状态如图9-5 所示。

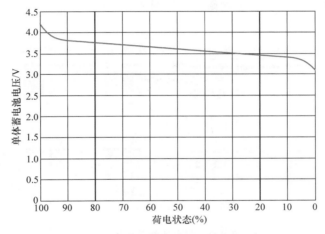

图9-5　单体蓄电池的荷电状态

3. 能量管理

能量管理主要包括以电流、电压、温度、SOC 和 SOH 为输入参数进行充电过程控制和以 SOC、SOH 以及温度等参数为条件进行放电功率控制两部分，蓄电池的能量管理图如图9-6 所示。

过充过放控制

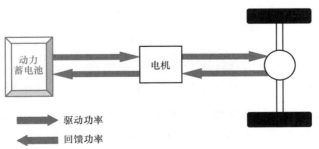

图9-6　蓄电池的能量管理图

4. 安全管理

安全管理可以监视蓄电池电压、电流、温度是否超过正常范围，防止蓄电池组过充电、过放电。现在对蓄电池组进行整组监控的同时，多数蓄电池管理系统已经发展到可对极端单体蓄电池进行过充电、过放电、过热等安全状态进行管理。

5. 热管理

热管理是在蓄电池工作温度超高时进行冷却，低于适宜工作温度下限时进行蓄电池加热，使蓄电池处于适宜的工作温度范围内，并在蓄电池工作中保持单体蓄电池间温度均衡。对于大功率放电和高温条件下使用的蓄电池，蓄电池的热管理尤为必要。

蓄电池管理系统
充电监控

6. 均衡控制

由于蓄电池的一致性差异，蓄电池组的工作状态是由最差单体蓄电池决定的。均衡控制是在蓄电池组各个单体蓄电池之间设置均衡电路。实施均衡控制是为了使各个单体蓄电池充放电的工作情况尽量一致，提高整体蓄电池组的工作性能，蓄电池容量均衡管理如图9-7所示。

蓄电池管理系统
放电监控

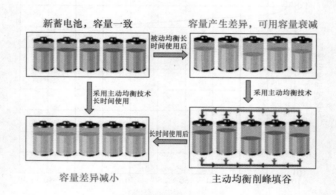

图 9-7　蓄电池容量均衡管理

7. 通信功能

实现蓄电池参数和信息与车载设备或非车载设备的通信，同时为充放电控制、整车控制提供数据依据是电池管理系统的重要功能之一。根据应用需要，数据交换可采用不同的通信接口，如模拟信号、PWM 信号、CAN 总线或串行接口，蓄电池的通信示意图如图9-8所示。

8. 人机接口

根据设计的需要设置显示信息以及控制按键、旋钮等。

蓄电池管理系统的主要工作原理可简单归纳为，数据采集电路采集蓄电池状态信息数据后，由电子控制单元（ECU）进行数据处理和分析，然后蓄电池管理系统根据分析结果对系统内的相关功能模块发出控制指令，并向外界传递参数信息，人机交换流程图如图9-9所示。

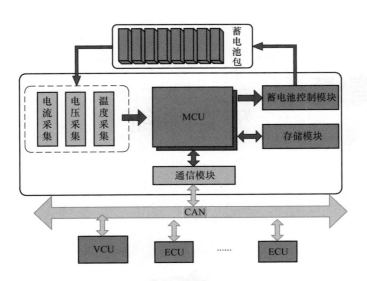

图 9-8　蓄电池的通信示意图

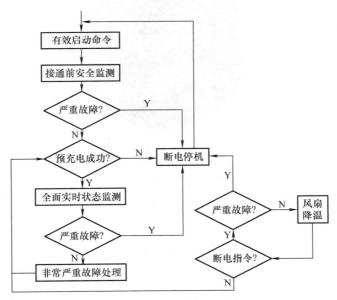

图 9-9　人机交换流程图

【知识拓展】蓄电池状态评估

动力蓄电池的 BMS 通过估算电量的 SOC，来为整车控制系统提供数据输入，为驾驶人提供电量和续驶里程数据作为车辆使用的参考信息。

SOC（State of Charge）称为荷电状态，也称为剩余电量。满充的动力蓄电池，其 SOC 为 100%，反之则为 0%。

用户可通过车上仪表显示看到这些数据，从而确认动力蓄电池的工作、功能状态。据此，在保护动力蓄电池的基础上，将潜力发挥最大化，大大提升驾乘体验。

因此 SOC 等数据估算的准确与否，就显得特别重要。估算不准带来的后果，有可能是汽车抛锚、与预期的行驶里程数不符等。

学习情境十

充电系统

充电系统

电能补给方式　蓄电池充电方法　蓄电池直流充电　蓄电池交流充电

学习目标:

1. 初步了解电能补给的方式。

2. 理解充电方法。

3. 初步了解直流充电桩的结构和组成,理解直流充电桩的工作原理。

4. 初步了解交流充电桩的结构和组成,理解交流充电桩的工作原理。

5. 在制订充电系统故障检修方案过程中,培养学生精益求精、一丝不苟的工作态度;在充电系统检修过程中,培养学生按照企业规范,以严谨、负责的态度,遵循企业6S管理要求进行车间劳动。

学习任务 1　电能补给方式

知识准备:

电能补给的方式是给整车蓄电池充电的模式。

问题引导: 电能补给的方式有哪些?

一、传导式充电

通过充电电缆连接给整车充电的模式称为传导式充电（图10-1）。电缆是电动汽车传导充电系统的关键设备之一,该类产品性能的优劣对电动汽车的是否能安全可靠运行将产生直接的影响。

充电系统的认知

图 10-1　传导式充电

1. 交流充电

交流充电由交流充电桩提供220V或380V交流电,车载充电机完成交直流变换,充电功率一般不大于5kW,充电时间通常为5~8h。交流充电的关键设备是交流充电桩。

2. 直流充电

直流充电由非车载充电机完成交直流变换,充电功率较大,从几十千瓦到上百千瓦,充电时间可从10min（直流快充）到6h（直流普通充电）,当前蓄电池直流快充技术仅可作为电动汽车充电的应急补充充电。

二、 无线充电方式

电动汽车无线充电方式的原理就像在车里使用的移动电话——将电能转换成一种符合现行技术标准要求的特殊激光或微波束，在汽车顶上安装一个专用天线接收即可。有了无线充电技术，公路上行驶的电动汽车或双能源汽车可通过安装在电线杆或其他高层建筑上的发射器快速补充电能。电费将从汽车上安装的预付卡中扣除。

由于充电器与用电装置之间以磁场传送能量，两者之间不用电线连接，因此充电器及用电装置都可以做到无导电接点外露。

1. 无线充电电路特点

1）利用无线磁电感应充电的设备无须外露，设备磨损率降低，应用范围广，公共充电区域面积相对减小，但减小的面积不会太大。

2）大功率无线充电的传输距离只限制在5m以内，不会太远。

3）操作方便。

4）设备技术含量高，经济成本投入较高，维修费用高。

5）因要实现远距离大功率无线磁电转换，所以设备的耗能较高。无线充电设备的距离和功率越大，无用功的损耗会越大。

6）无线充电技术本身是二次能源转换，电磁的空间磁损率较高。

2. 三种无线充电方式对比

常用的无线电充电方式主要有电磁感应、磁场共振和无线电波三种，三种充电方式工作原理、充电效率和传输距离等特点的比较详见表10-1。

表10-1 三种充电方式的比较

方式	电磁感应	磁场共振	无线电波
工作原理	为充电线圈提供交流电并产生磁场时，磁力线穿过与之分离一定距离的接收线圈。交流电产生的交变磁场，使接收线圈产生相应的感应电动势并可对外输出电流	基本原理与电磁感应式相同。可将阻抗限制至最低值并使传输距离增大	有充电与接收两部分，均采用微波技术传输与接收
使用频率	22kHz	13.56MHz	2.45GHz
输出功率	30kW	1kW	1kW
传输距离	100mm	400mm	1000mm
充电效率	92%	95%	38%

（1）电磁感应式充电 一次线圈通以一定频率的交流电，通过电磁感应在二次线圈中产生一定的电流，从而将能量从传输端转移到接收端。目前最为常见的充电解决方案就采用了电磁感应。中国的比亚迪公司，在2005年12月申请的非接触感应式充电器专利中就使用了电磁感应技术，电磁感应式充电示意图如图10-2所示。

（2）磁场共振式充电 由能量发送装置和接收装置组成，当两个装置调整到相同频率共振时，它们就可以交换彼此的能量，是目前正在研究的技术。麻省理工学院（MIT）Marin Soljacic带领的研究团队利用该技术点亮了2m外的一盏60W灯泡，并将其取名为WiTricity。该实验中使用的线圈直径达到50cm，磁场共振式充电示意图如图10-3所示。如果要缩小线圈尺寸，接收功率也会下降。

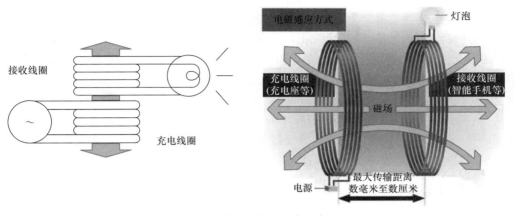

图 10-2　电磁感应式充电示意图

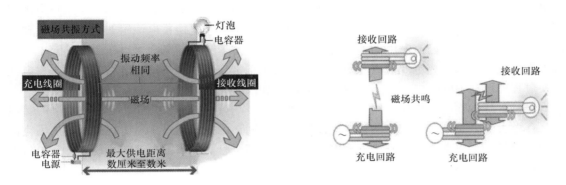

图 10-3　磁场共振式充电示意图

（3）无线电波式充电　使用 2.45GHz 的电波发生装置传送电力时，发送装置与微波炉使用的"磁控管"基本相同，传送的微波也是交流电波，可用天线在不同方向接收，用整流电路转换成直流电为汽车蓄电池充电，并且可以实现一点对多点的远距离传送（图 10-4）。

图 10-4　无线电波式充电

3. 无线充电标准

主流的无线充电标准有以下几种：Qi 标准、AirFuel Alliance 标准、iNPOFi 技术。

1）Qi 标准。Qi 标准是全球首个推动无线充电技术的标准化组织——无线充电联盟（Wireless Power Consortium，WPC）推出的"无线充电"标准，具备便捷性和通用性两大特征。首先，不同品牌的产品，只要有一个 Qi 的标识，都可以用 Qi 无线充电器充电；其次，它攻克了无线充电"通用性"的技术瓶颈，在不久的将来，手机、相机、计算机等产品都可以用 Qi 无线充电器充电，为无线充电的大规模应用提供了可能。

2）AirFuel Alliance 是 A4WP（Alliance for Wireless Power）和 PMA（Power Matters Alliance）两大无线充电技术联盟合并的。AirFuel Alliance 标准包括 A4WP 标准和 PMA 标准，其中，Duracell Powermat 公司推出过一款无线充电卡（Wireless Charging Card，WiCC）采用的就是 PMA 标准。A4WP 标准是 Alliance for Wireless Power 标准的简称。

3）iNPOFi 技术。iNPOFi（Invisible Power Field）即"不可见的能量场"，iNPOFi 技术无线充电是一种新的无线充电技术。其无线充电系列产品采用智能电传输无线充电技术，具备无辐射、高电能转化效率、热效应微弱等特性。

三、更换蓄电池充电

除了以上几种充电方式外，还可以采用更换蓄电池组的方式充电，即用充满电的蓄电池组更换电量已经耗尽的蓄电池组。蓄电池归服务站或蓄电池厂商所有，电动汽车用户只需租用蓄电池。电动汽车用户把车停在一个特定的区域，然后用更换蓄电池组的机器将电量耗尽的蓄电池取下，换上已充满电的蓄电池组。更换下来的未充电蓄电池可以在服务站充电，也可以集中收集起来再充电。蓄电池更换站同时具备正常充电站和快速充电站的优点，蓄电池更换过程可以在 10min 内完成，与现有的燃油车加油时间大致相当。

但是，这种蓄电池更换系统的初始成本很高，其中包括昂贵的机械装置和大量的蓄电池。存放大量未充电和已充电的蓄电池需要很多空间，因此修建一个蓄电池更换站所需空间远大于修建一个正常充电站或快速充电站所需的空间，且需要对蓄电池的物理尺寸和电气参数制定统一的标准。

更换蓄电池充电的特点是：蓄电池更换采用单箱充电方式时，有利于提高蓄电池组的均衡性，延长蓄电池组使用寿命，但电动汽车充电数量多时，充电机与充电架的连线多，监控网络复杂，设备成本较高；蓄电池更换采用整组充电方式时，不利于保持蓄电池组的均衡性以及延长蓄电池的使用寿命。

相对于整车充电方式而言，采用蓄电池更换充电方式可以较大提高车辆利用率，但对车辆及蓄电池更换设备提出了更高的要求：需要配套专用蓄电池模块、充电架和装卸工具；需要建立蓄电池调度系统对所有的蓄电池进行数量、质量和状态的监控管理；需要完成蓄电池快换、充电、配组、储存以及蓄电池容量测试、均衡等维护功能。另外，为满足电动汽车蓄电池快换要求，需要分区域建设蓄电池更换站。显然，采用蓄电池更换充电方式的充电系统更为复杂，设备和管理成本较高，但能及时给用户提供电能补给服务。

四、快速充电方式

快速充电也可称为迅速充电或应急充电，其目的是在短时间内给电动汽车充满电，充电时间应该与燃油车的加油时间接近。该充电方式以 150～400A 的大充电电流在短时间内为蓄电池充电，安装成本相对较高。大型充电站（机）多采用这种充电方式。

大型充电站（机）快速充电方式主要针对电动汽车长距离旅行或需要进行快速补充电能的情况，充电机功率很大，一般都大于 30kW，采用三相四线制 380V 电压供电，其典型的充电时间是 10～30min。这种充电方式对蓄电池寿命有一定的影响，特别是普通蓄电池不能进行快速充电，因为在短时间内接受大量的电量会导致蓄电池过热。快速充电站的关键是非车载快速充电组件，它能够输出 35kW 甚至更高的功率。由于功率和电流的额定值都很高，因此这种充电方式对电网有较高的要求，一般应靠近 10kW 变电站或在监测站和服务中心使用，其电路特点如下。

1）输出电压设定好后（例如 36V），若被充电蓄电池极板脱落断开，造成某组蓄电池不通，或出现短路，则蓄电池端电压即降低或为零，这时充电器将无输出电流。若被充电蓄电池电压偏离设定电压（例如设定电压为 36V，误接 24V、12V、6V 蓄电池等），充电器也无输出电流，不能向蓄电池充电。

2）充电器两输出端短路时，由于充电器中可控硅（SCR）的触发电路不能工作，因而可控硅不导通，输出电流为零。

3）若使用时误将蓄电池正负极接反，则可控硅触发电路反向截止，无触发信号，可控硅不导通，输出电流为零。

4）采用脉冲充电，有利于延长蓄电池寿命。由于低电压交流电经全波整流后是脉动直流，只有当其波峰电压大于蓄电池电压时，可控硅才会导通，而当脉动直流电压处于波谷时，可控硅反向截止，停止向蓄电池充电，因而流过蓄电池的是脉动直流电。

5）快速充电，充满自停。由于刚开始充电时充电电流较大，当蓄电池即将充满时（36V 蓄电池端电压可达 44V），充电电压越来越接近脉动直流输出电压的波峰值，则充电电流也会越来越小，自动变为涓流充电。当蓄电池两端电压被充到整流输出的波峰最大值时，充电过程停止。经试验，电动汽车 36V 蓄电池（三节 12V/12A·h 蓄电池串联）用该充电器只需几个小时即可充满。

6）电路简单、易于制作，几乎不用维护及维修。

7）快充会在一定程度上降低蓄电池寿命，长期快充可能导致电解液分解，使电极上产生沉淀物。同时，快充产生的高温可能损害电芯。

学习任务 2　蓄电池充电方法

知识准备：
恒压充电、恒流充电和脉冲充电是常见的蓄电池充电方式。

问题引导：蓄电池充电的方式有哪些？

蓄电池的充电是管理动力蓄电池组的主要工作，正确地充电是保证动力蓄电池组正常工作和延长使用寿命的基本维护方法，动力蓄电池组的充电方法有以下几种。

一、 恒压充电

在充电过程中，充电电压始终保持不变的充电法称为恒定电压充电法，简称恒压充电法或等压充电法。

电信装置、不间断电源（UPS）的蓄电池的浮充电和涓流充电都是恒压充电。起动用蓄电池在车辆运行时也处于近似的恒压充电的情况。其优点是随着蓄电池的荷电状态的变化，自动调整充电电流，如果规定的电压恒定值适宜，既能保证蓄电池的完全充电，又能减少蓄电池析气和失水，恒压充电原理图如图 10-5 所示。

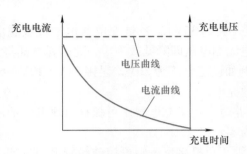

图 10-5　恒压充电原理图

二、恒流充电

在充电过程中充电电流始终保持不变的充电法称为恒定电流充电法，简称恒流充电法或等流充电法。

蓄电池的初充电、运行中的蓄电池的容量检查、运行中的牵引蓄电池的充电以及蓄电池极板的化成充电等，多采用恒流或分阶段恒流充电。其优点是可以根据蓄电池的容量确定充

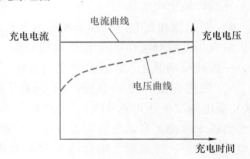

图 10-6　恒流充电原理图

电电流值，直接计算充电量并确定充电完成的时间，恒流充电原理图如图 10-6 所示。

三、脉冲充电

脉冲充电方式首先是用脉冲电流对蓄电池充电，然后让蓄电池停充一段时间，如此循环。充电脉冲使蓄电池充电，而间歇期使蓄电池经化学反应产生的氧气和氢气有时间重新化合而被吸收，消除浓差极化和欧姆极化，从而减轻了蓄电池的内压，使下一轮的恒流充电能够更加顺利地进行，使蓄电池可以吸收更多的电量。间歇脉冲使蓄电池有较充分的反应时间，减少了析气量，提高了蓄电池的充电电流接受率，脉冲充电电流波形如图 10-7 所示。

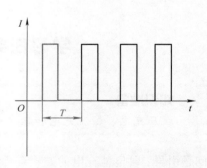

图 10-7　脉冲充电电流波形

1. 脉冲充电器

脉冲充电器的电路结构由如下几部分组成：一次整流滤波电路、PWM 变换电路、二次整流滤波电路、脉冲产生电路、充放电电路和反馈控制电路。该电路与普通开关电源电路相比，多了脉冲产生电路与充放电电路部分。

2. 脉冲充电曲线

研究表明，蓄电池在充电时如果以最低出气率为前提，则蓄电池可接受的最佳充电曲线

如图 10-8 所示。

实验证明，如果充电电流按图 10-8 所示曲线变化，可大大缩短充电时间，而且对蓄电池的容量和寿命没有影响，故该曲线被称为最佳充电曲线。由图 10-8 可知，初始充电电流很大，但随时间很快衰减，其原因主要是充电过程中蓄电池的两极产生了极化现象。在密封式蓄电池充电过程中，内部产生氧气和氢气，氧气不能被及时吸收时，便堆积在正极板（正极板产生氧气）上，造成正极板面积相对缩小，蓄电池内部压力加大，温度上升，表现为内阻上升，即出现所谓的"极化"现象。蓄电池的充放电是可逆的，其充放电的化学反应式如下：

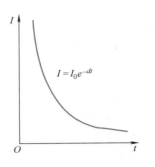

$$I = I_0 e^{-dt}$$

图 10-8　最佳充电曲线

$$PbO_2 + 2H_2SO_4 + Pb \rightleftharpoons 2PbSO_4 + 2H_2O$$

显然，充电过程与放电过程是互为可逆的过程，实质上就是一个热力学平衡过程。为保障蓄电池始终维持在平衡状态下充电，应使通过蓄电池的充电电流尽量小一些，为此，理想的充电模式应是外加充电电压等于蓄电池本身的电动势。实践表明，因为电极材料、溶液浓度等各种因素的差别，蓄电池充电时，外加电压必须增大而超过蓄电池的平衡电动势，这也是出现极化现象的必然结果。

四、 快速充电

蓄电池进行快速充电时，既不能用恒流大电流充电，也不能用较高的电压恒压充电，否则会使蓄电池温度快速升高，损伤电极并浪费电能。快速充电是使电流用脉冲的方式输送给蓄电池，随着充电时间延续，蓄电池有一个瞬间的大电流放电，使电极去极化。

五、 智能充电

智能充电应用 dU/dt 技术，动态跟踪检测蓄电池端电压在单位时间内的变化量和蓄电池可以接受的充电电流（特别是在蓄电池充电的后期），保持充电电流始终处于蓄电池可接受的充电电流曲线附近，使蓄电池在几乎无气体析出的条件下充电。

六、 均衡充电

均衡充电实际上是以小电流（约 20h 率的电流）进行 1 ~ 3h 的过充电过程，一般均衡充电不能频繁进行。

七、 初充电

对于锌蓄电池和动力蓄电池组，在投入使用前，应按照使用说明书的规定进行小电流长时间的初充电。

在纯电动汽车和混合动力电动汽车上，根据动力蓄电池组的情况和发电机的发电情况，应选择不同的充电方法，并且可兼用不同的充电方法。在纯电动汽车和混合动力电动汽车上较多采用智能充电、均衡充电和初充电三种方法。

学习任务 3　蓄电池直流充电

知识准备：

　　直流充电桩给电动汽车充电，一般采用三相四线制的连接形式，需经过整流滤波等环节。

问题引导： 直流充电桩的特点、结构组成、工作原理是什么？主要参数和接口含义有哪些？

一、直流充电桩的特点

　　直流充电桩是固定安装在电动汽车外、与交流电网连接、可以为非车载电动汽车动力蓄电池提供直流电源的供电装置。直流充电桩的输入电压为 AC380V ± 15%，采用三相四线，频率 50Hz；输出为可调直流电，直接为电动汽车的动力蓄电池充电。由于直流充电桩采用三相四线制供电，可以提供足够的功率，输出的电压和电流调整范围大，可以实现快充的要求。

二、直流充电桩的结构组成

　　直流充电桩为模块化设计，直流充电桩由整流电路、调整控制及保护电路、功率因数校正网络、辅助电路、充电机控制管理单元（CPU）、人机接口单元、远程通信单元、电能计量装置组成，单个充电模块的输出功率为 10kW。10kW 以上充电桩采用 2 个或 2 个以上的充电模块并联工作，满足整机输出功率需求。

　　1）整流电路由交流整流滤波、直流－直流（DC－DC）变换器等元器件组成，其作用是从单相或三相交流电网取得交流电，并将其转换为符合要求的直流电。整流电路如图 10-9 所示。

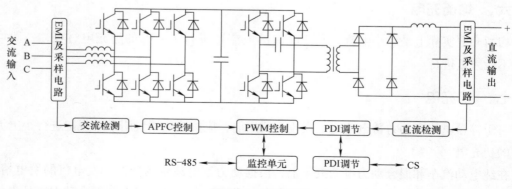

图 10-9　整流电路

2）调整控制及保护电路的作用是对输出电压进行检测和取样，并与基准定值进行比较，从而控制高频开关功率管的开关时间比例，达到调节输出电压的目的。

3）功率因数校正网络的功能是通过控制过程，使输入电流波形跟踪正弦基波电流，且使相位与输入电压相同，以保持输出电压稳定和功率因数接近于 1.0。

4）辅助电路包括手动调整、稳压电源、信号保护、事故报警以及通信接口电路等。

5）充电机控制管理单元（CPU）为充电机的顶层控制系统。充电机在充电操作时，控制管理单元接受人工输入或其他设备的控制指令，控制驱动脉动生成系统的起动与停止，从而控制充电机的起动与停机，并可将充电机的运行数据进行显示或传输给上层监控计算机，控制管理单元如图 10-10 所示。

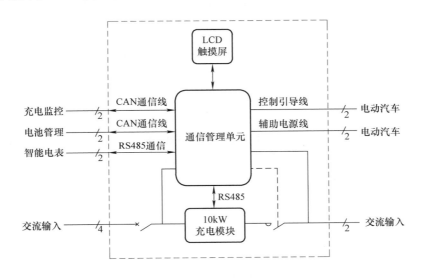

图 10-10　控制管理单元

6）人机接口单元由按键和人机界面彩屏组成，具有计算机远程监控及蓄电池充电控制等功能。

7）远程通信单元的作用是与电网调度通信网络接口，将充电机通信协议与电网通信协议统一，实现充电机的远程监控及无人值守站数据的统一上传。

8）电能计量装置应根据电能计量点的位置及充电设备的额定电流选取。电动汽车非车载充电机宜选用直流电能表计量，安装在非车载充电机直流输出端和电动汽车之间。

控制管理单元充电模块的扩展如图 10-11 所示。

三、 直流充电桩工作原理

三相 380V 交流电源经过整流滤波变成直流输入电压，供给 IGBT（绝缘栅双极晶体管）桥。单片机通过驱动电路使功率开关 IGBT 工作，把直流输入电压转换成脉宽调制的交流电压，然后由高频变压器变压隔离，最后通过输出整流滤波得到直流，进而对动力蓄电池充电。

可控的电流电压反馈电路可改变充电电流和充电电压，通过检测蓄电池的端电压、充电

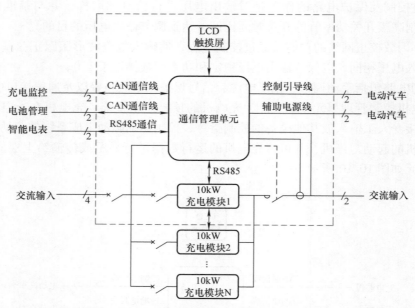

图 10-11　控制管理单元充电模块的扩展

电流可以提供给单片机进行决策。放电电路在充电电压较高时工作，以提高蓄电池的接受能力。辅助电路提供器件工作电源，而保护电路在过电流、过电压、高温时可以保证系统安全、可靠地工作。单片机可显示电量、时间等数据，直流充电桩工作原理如图 10-12 所示。

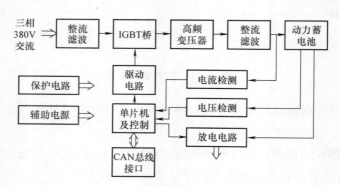

图 10-12　直流充电桩工作原理

四、　直流充电桩的主要参数

直流充电桩参数见表 10-2。

表 10-2　直流充电桩参数

内容	技术指标
额定输出电压	DC 750V（200~750V）
额定输出电流	DC 100A/250A/400A
输出稳压精度	±0.5%

（续）

内容	技术指标
输出稳流精度	±1%
功率因数	≥0.99（含有源功率因数校正）
效率	≥93%（半载以上）

五、 直流充电桩接口含义

充电桩接口如图 10-13 所示，其接口含义见表 10-3。

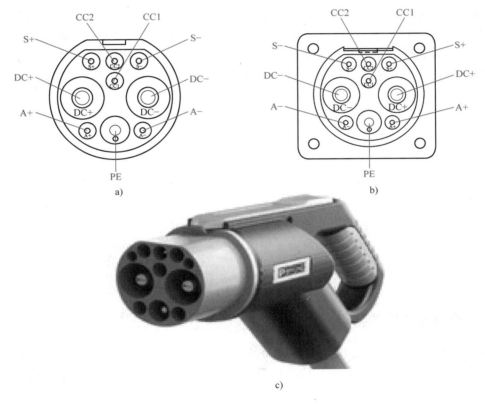

图 10-13　充电桩接口

a）车辆插头触头布置图　b）车辆插座触头布置图　c）实物图

表 10-3　充电桩接口含义

触点编号	功能含义	触点编号	功能含义
CC1	充电连接确认	DC –	直流电源负
CC2	充电连接确认	DC +	直流电源正
S +	充电通信 CAN_ L	A –	低压辅助电源负极
S –	充电通信 CAN_ N	A +	低压辅助电源正极
PE	接地保护		

学习任务4　蓄电池交流充电

知识准备：

　　交流充电，主要针对慢充，由保护输入断路器、交流智能电表、交流控制接触器和充电接口插接器组成。

问题引导1：交流充电桩的特点、工作原理是什么？主要参数和接口含义有哪些？

　　电动汽车常规慢充是指用较小交流电流对整车进行充电的交流慢充方式。电动汽车根据使用情况在使用结束后或动力蓄电池荷电状态（SOC）低于设定值之后应立即充电，用外部交流电源（交流充电桩）给电动汽车自带动力蓄电池充电机提供电能。交流慢充电流比较低，充电时间长，一般充电时间为 5~8h，有的甚至长达 10~20h，慢充示意图如图 10-14 所示。

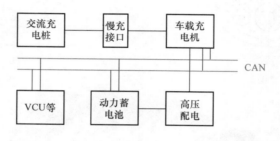

图10-14　慢充示意图

一、　交流充电桩的特点

　　交流充电桩是一种利用专用充电接口为具有车载充电机的电动汽车提供交流电能（并提供友好的人机操作界面），具有相应的控制、计费和通信等功能的电动汽车专用交流供电装置。

　　慢充充电方式对电网没有特殊要求，只要供电质量能够满足照明要求的就能够使用。电动汽车驾驶人只需将车停靠在充电站指定的位置上，接上电线即可开始充电。计费方式可以是投币或刷卡。

　　在充电过程中，不能强行拔下充电插头，强行拔下充电插头可能会引起充电插头处起火，造成安全事故。如果发生安全事故，如异常响声、电线短路等，应砸碎充电桩红色蘑菇头按钮玻璃挡板，并按下红色蘑菇头按钮，切断设备电源。

二、　交流充电桩工作原理

　　交流充电桩主电路由输入保护断路器、交流智能电表、交流控制接触器和充电接口插接器组成；二次电路由控制继电器、急停按钮、运行状态指示灯、充电桩智能控制器和人机交互设备（显示、输入与刷卡）组成。交流充电桩工作原理如图 10-15 所示。

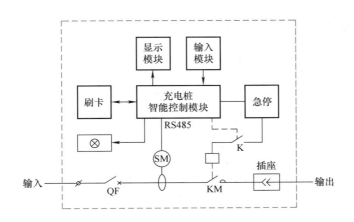

图 10-15 交流充电桩工作原理

三、 交流充电桩主要参数

交流充电桩主要参数见表 10-4。

表 10-4 交流充电桩主要参数

项目	参数	项目	参数
充电插接器	IEC／GB	安装	落地安装 挂墙安装
人机界面	LCD／LED／VFD 键盘	通信	RS485／2G／3G
计费装置	RFID／IC card	环境温度	−20 ～ 50℃
供电	220V（±10%） 50Hz ± 1Hz	环境湿度	5% ～95%
输出电压	单相 AC 220V（±10%）	海拔	≤2000 m
输出电流	≤32A	平均无故障工作时间	≥ 8760h
IP	IP55		

四、 交流充电桩接口含义

交流充电桩接口图如图 10-16 所示，其接口含义见表 10-5。

充电枪的认知

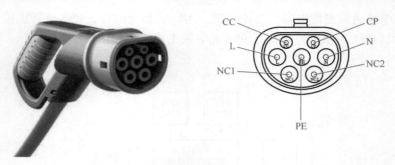

图 10-16　交流充电桩接口图

表 10-5　交流充电桩接口含义

触点编号	功能含义	触点编号	功能含义
PE	接地保护	CP	充电连接线
NC1	空角	N	交流电源（零线）
NC2	空角	L	交流电源（火线）
CC	控制确认线		

问题引导2：车载充电机的功能、内部结构、特点和输入控制电路是什么？主要参数有哪些？

五、 车载充电机的功能

车载充电机是指固定安装在电动汽车上的充电机，具有为电动汽车动力蓄电池安全、自动充电的能力。充电机依据蓄电池管理系统（BMS）提供的数据，能动态调节充电电流或电压参数，执行相应的动作，完成充电过程。

六、 车载充电机的内部结构

车载充电机内部结构可分为3部分：主电路、控制电路、线束及标准件，车载充电机内部示意图如图 10-17 所示。

图 10-17　车载充电机内部示意图

（1）主电路　前端将交流电转换为恒定电压的直流电，主要是全桥电路和功率因数校正（PFC）电路。后端为 DC/DC 变换器，将前端转出的直流高压电变换为合适的电压及电流供给动力蓄电池。

（2）控制电路　控制电路是控制 MOS 管的开关电路，具有与 BMS 之间通信、监测充电机状态、与充电桩握手等功能。

（3）线束及标准件　线束及标准件用于主电路及控制电路的连接，固定元器件及电路板。

七、 车载充电机的特点

根据蓄电池特性设计充电的曲线，可以延长蓄电池的寿命。车载充电机的特点如下。

1）使用方便，维护简单，单独对 BMS 进行供电，由 BMS 控制智能充电，无须人工值守。

2）保护功能齐全，适用范围广，具有过电压、欠电压、过电流、过热、输出短路、反接等保护功能。

3）整机保护温度为 75℃，当机内温度高于 75℃时，充电机输出电流变小，高于 85℃时，充电机停止输出。

车载充电机外观如图 10-18 所示。

八、 车载充电机的主要参数

车载充电机的主要参数见表 10-6。

图 10-18　车载充电机外观

表 10-6　车载充电机的主要参数

项目		参数
输入参数	输入相数	单相
	输入电压/V	220±20%（AC）
	输入电/A	≤16（在额定输入条件下）
	频率/Hz	45~65
	起动冲击电流/A	≤10
	软起动时间/s	3~5
输出参数	输出功率（额定）/W	3360
	输出电压（额定）/V	440（DC）
	输出电流/A	0~7.5
	稳压精度	±0.6%
	负载调整率	±0.6%
	输出电压纹波（峰值）	<1%

九、 车载充电机输入控制电路

车载充电机输入控制电路图如图 10-19 所示。

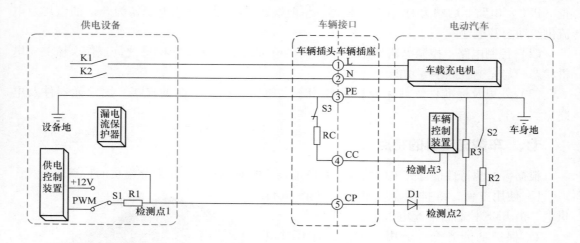

图 10-19　车载充电机输入控制电路图

【知识拓展】快充有望成为新能源汽车补能的重要模式

新能源汽车快充模式正处在快速升级和演进过程中，充电倍率正在由 2C 向 4C 提升，充电时长正在从 30min 缩短为 15min，多数主机厂在积极布局快充技术，发展前景较为广阔。

快充路线分为大电流快充和高电压快充。快充路线目的是提高电动汽车的充电效率，其本质是提高充电功率，目前有增大充电电流和提高充电电压这两种路线，具体来看：

大电流快充可支持 200kW 级快充，充电 10min 可续驶 200～300km。

高电压快充可实现 400kW 级超充，充电 5min 可续驶 200～300km，同时高压架构有利于降低热损耗和减轻整车质量。采用高压快充方案的部分车型见表 10-1。

表 10-1　采用高压快充方案的部分车型

车型	量产时间	额定电压 /V	最大电池 /A	峰值功率 /kW	充电效率
保时捷 Taycan	2021	723	370 +	270	4min/100km
现代 Ioniq5	2021	653	340 +	224	5min/100km
极狐 αSHI 版	2022	750	260 +	200	10min/195km
广汽 AION V	2022	770	500 +	480	5min/207km
小鹏车型	2022	700 +	670 +	480	5min/200km
比亚迪	—	800	—	—	5min/150km
理想车型	2023	800	500	400	10min/300～500km
岚图车型	—	800	500	360	10min/400km
奥迪 A6 etron	—	800	330 +	270	10min/300km
通用车型	—	800	—	—	10min/160km
奔驰新一代	—	800	—	—	15min/250km

超级快充标准加速落地，推动快充发展。国家电网创立并统一国内充电设施和充电接口的超级充电标准，在 2021 年 9 月宣布加速落地，预计 2025 年普遍安装。

参 考 文 献

［1］宋建桐，么居标. 新能源汽车技术［M］. 北京：机械工业出版社，2019.

［2］付主木. 电动汽车运用技术［M］. 北京：机械工业出版社，2015.

［3］门保全. 电动汽车［M］. 湘潭：湘潭大学出版社，2010.

［4］胡骅，宋慧. 电动汽车［M］. 北京：人民交通出版社，2012.

［5］赵振宁. 新能源汽车技术［M］. 北京：人民交通出版社，2013.

［6］麻友良，严运兵. 电动汽车概论［M］. 北京：机械工业出版社，2012.

［7］赵立军. 电动汽车测试与评价［M］. 北京：北京大学出版社，2012.

［8］邹国棠，程明. 电动汽车的新型驱动技术［M］. 2版. 北京：机械工业出版社，2017.

［9］陈全世. 先进电动汽车技术［M］. 2版. 北京：化学工业出版社，2013.

［10］何洪文. 电动汽车原理与构造［M］. 北京：机械工业出版社，2012.